메시지 | 에스겔

THE MESSAGE: Ezekiel

Eugene H. Peterson

The MESSAGE

에스겔

유진 피터슨

복 있는 사람

메시지 | 에스겔

2020년 11월 20일 초판 1쇄 발행
2022년 4월 11일 초판 2쇄 발행

지은이 유진 피터슨
옮긴이 이종태
감수자 김회권
펴낸이 박종현

(주) 복 있는 사람
주소 서울특별시 마포구 연남동 246-21(성미산로23길 26-6)
전화 02-723-7183(편집), 7734(영업·마케팅) 팩스 02-723-7184
이메일 hismessage@naver.com
등록 1998년 1월 19일 제1-2280호

ISBN 978-89-6360-376-6 00230

이 도서의 국립중앙도서관 출판예정도서목록(CIP)은 서지정보유통지원시스템 홈페이지(http://seoji.nl.go.kr)와 국가자료공동목록시스템(http://www.nl.go.kr/kolisnet)에서 이용하실 수 있습니다. (CIP 제어번호: 2020046475)

THE MESSAGE: Ezekiel
by Eugene H. Peterson

차례

일러두기

- 유진 피터슨의 『메시지』 영어 원문을 번역하면서, 한국 교회의 실정과 환경을 고려하여 『메시지』 한글 번역본의 극히 일부분을 의역하거나 문장과 용어를 바꾸었다.
- 유진 피터슨은 『메시지』 영어 원문에서, 유일무이한 하나님의 인격적 이름을 주(LORD) 대신에 대문자 GOD로 번역했다. 따라서 『메시지』 한국어판은 많은 논의와 신학 감수를 거쳐, 원저자의 의도를 반영해 '주'(LORD) 대신에 강조체 **'하나님'**(GOD)으로 표기했다.
- 『메시지』 한국어판의 도량형(길이, 무게, 부피)은 『메시지』 영어 원문을 기초로 하여, 오늘날 우리나라에서 일반적으로 통용되는 단위로 환산해 표기했다.
- 지명, 인명은 대한성서공회에서 발행한 「개역개정」「새번역」 성경의 원칙을 따랐다.

『메시지』를 읽는 독자에게

『메시지』에 독특한 점이 있다면, 현직 목사가 그 본문을 다듬었기 때문일 것이다. 나는 성경의 메시지를 내가 섬기는 사람들의 삶 속에 들여놓는 것을 내게 주어진 일차적 책임으로 받아들이고 성인 인생의 대부분을 살아왔다. 강단과 교단, 가정 성경공부와 산상수련회에서 그 일을 했고, 병원과 양로원에서 대화하면서, 주방에서 커피를 마시고 바닷가를 거닐면서 그 일을 했다. 『메시지』는 40년간의 목회 사역이라는 토양에서 자라난 열매다.

인간의 삶을 만들고 변화시키는 하나님의 말씀은, 내가 『메시지』 작업을 하는 동안 정말로 사람들의 삶을 만들고 변화시켰다. 우리 교회와 공동체라는 토양에 심겨진 말씀의 씨앗은, 싹을 틔우고 자라서 열매를 맺었다. 현재의 『메시지』를 작업할 무렵에는, 내가 수확기의 과수원을 누비며 무성한 가지에서 잘 영근 사과며 복숭아며 자두를 따고 있다는 기분이 들곤 했다. 놀랍게도 성경에는, 내가 목회하는 성도며 죄인인 사람들이 살아 낼 수 없는 말씀, 이 나라와 문화 속에서 진리로 확증되지 않는 말씀이 단 한 페이지도 없었다.

내가 처음부터 목사였던 것은 아니다. 원래 나는 교사의 길에 들어서서, 몇 년간 신학교에서 성경 원어인 히브리어와 그리스어를 가르쳤다. 남은 평생을 교수와 학자로 가르치고 집필하고 연구하며 살겠거니 생각했었다. 그러다 갑자기 직업을 바꾸어 교회 목회를 맡게 되었다.

뛰어들고 보니, 교회는 전혀 다른 세계였다. 제일 먼저 눈에 띈 차이는, 아무도 성경에 별로 관심이 없어 보인다는 점이었다. 얼마 전까지만 해도, 사람들은 내게 돈을 내면서까지 성경을 가르쳐 달라고 했는데 말이다. 내가 새로 섬기게 된 사람들 중 다수는, 사실 성경에 대해 아무것도 몰랐다. 성경을 읽은 적도 없었고, 배우려는 마음조차 없었다. 성경을 몇 년씩 읽어 온 사람들도 많았지만, 그들에게 성경은 너무 익숙해서 무미건조하고 진부한 말로 전락해 있었다. 그들은 지루함을 느낀 나머지 성경을 제쳐 둔 상태였다. 그 양쪽 사이에 있는 사람은 많지 않았다. 내가 가장 중요하게 여긴 일은, 성경 말씀을 그 사람들의 머리와 가슴 속에 들여놓아서, 성경의 메시지가 그들의 삶이 되게 하는 것이었다. 그러나 거기에 관심을 갖는 사람은 거의 없었다. 신문과 잡지, 영화와 소설이 그들 입맛에 더 맞았다.

결국 나는, 바로 그 사람들에게 성경의 메시지를 듣게—정말로 듣게—해주는 일을 내 평생의 본분으로 삼게 되었다. 그것이야말로 확실히 나를 위해 예비된 일이었다.

나는 성경의 세계와 오늘의 세계라는 두 언어 세계에 살고 있었다. 나는 언제나 그 두 세계가 같은 세계인 줄 알았다. 그러나 사람들은 그렇게 보지 않았다. 나는 어쩔 수 없이 "번역가"(당시에는 그런 표현을 쓰지 않았지만)가 되었다. 날마다 그 두 세계의 접경에 서서, 하나님이 우리를 창조하시고 구원하시고 치유하시고 복 주시고 심판하시고 다스리실 때 쓰시는 성경의 언어를, 우리가 잡담하고 이야기하고 길을 알려 주고 사업하고 노래 부르고 자녀에게 말할 때 쓰는 오늘의 언어로 옮긴 것이다.

그렇게 하는 동안, 성경의 원어—강력하고 생생한 히브리어와 그리스어—는 끊임없이 내 설교의 물밑에서 작용했다. 성경의 원어는 단어와 문장을 힘 있고 예리하게 해주고, 내가 섬기는 사람들의 상상력을 넓혀 주었다. 그래서 오늘의 언어 속에서 성경의 언어를 듣고, 성경의 언어 속에서 오늘의 언어를 들을 수 있게 해주었다.

나는 30년간 한 교회에서 그 일을 했다. 그러던 어느 날(1990년 4월 30일이었다), 한 편집자가 내게 편지를 보내 왔다. 그동안 내가 목사로서 해온 일의 연장선에서 새로운 성경 번역본을 집필해 달라는 청탁의 편지였다. 나는 수락했다. 그 후 10년은 수확기였다. 그 열매가 바로 『메시지』다.

『메시지』는 읽는 성경이다. 기존의 탁월한 주석성경을 대체하기 위한 것이 아니다. 내 취지는 간단하다. (일찍이 우리 교회와 공동체에서도 그랬듯이) 성경이 충분히 읽을 수 있는 책이라는 사실을 모르는 사람들에게 성경을 읽게 해주고, 성경에 관심을 잃은 지 오래된 사람들에게 성경을 다시 읽게 해주는 것이다. 그렇다고 굳이 내용을 쉽게 하지는 않았다. 성경에는 이해하기 어려운 부분도 많이 있다. 그래서 『메시지』를 읽다 보면, 더 깊은 연구에 도움이 될 주석성경을 구하는 일이 조만간 중요하게 여겨질 것이다. 그때까지는, 일상을 살기 위해 읽으라. 읽으면서 이렇게 기도하라. "하나님, 말씀하신 대로 내게 이루어지기를 원합니다."

유진 피터슨

에스겔 | 머리말

하늘이 무너져 내리는 것 같은 재난을 만나면 사람들은 다양한 반응을 보인다. 가장 흔한 두 가지는, 부정(denial)과 절망(despair)이다. 부정은 닥쳐온 재난을 인정하지 않고 거부하는 것이다. 눈을 감고 아예 보려고 하지 않거나 시선을 딴 곳으로 돌려 버린다. 괜찮을 것이라고 스스로 다독거리며 하루하루 살아간다. 기분전환거리나 거짓말이나 환상 속으로 도피한다. 반면에, 절망은 닥쳐온 재난 앞에서 마비되어 마치 세상의 종말이라도 온 듯 반응하는 것이다. 그냥 주저앉아 이제 내 인생은 끝났다고 결론짓는다. 생명이 사라져 잿빛이 되어 버린 세상에 대해 눈을 감아 버린다.

성경 저자들 가운데, 에스겔은 재난을 만난 이들의 스승이다. 닥쳐온 재난, 곧 주전 6세기 바빌론의 침공 앞에서 이스라엘이 보인 주된 반응은 부정이었다. 에스겔이 보니, 하나님의 백성은 그들에게 닥친 현실을 한사코 거부하며 '부정'하고 있었다. (지금 우리와 얼마나 유사한가!) 그런가 하면, '절망'에 빠져 당장 눈앞에 보이는 것 말고는 아무것도 보려 하지 않는 사람들도 있었다.

그러나 에스겔은 보았다. 백성들이 보지 못했던 것을, 혹은 보지 않으려고 했던 것을 보았다. 그는 그 재난 가운데 일하고 계신 하나님을 보았고, 무시무시한 생물들(겔 1장), 먹을 수 있는 책(겔 2장), 되살아난 뼈들(겔 37:1-14)과 같은 이미지를 사용해, 그분의 일하심을 때로는 굵직굵직하게, 때로는 세밀하게 그려 냈다. '부정'하는 쪽을 택한 자들은 재난을 재난으로 인정하기를 거부했다. 있을 수 없는 일이라는 반응이었다. 하나님께서 그런 끔찍한 일을 그들에게 허락하셨을 리가 없다는 것이었다. 그러나 에스겔은 보여주었다. 재앙이 실제로 닥쳤다는 것, 하지만 하나님께서 그 재앙 속에서 일하고 계시며, 그 재난을 주권적으로 사용하고 계신다는 것을 보여주었다. 그 어떤 상황에서도 우리는 하나님을 붙들 수 있음을 보여주었다.

'절망'을 선택한 자들은, 눈앞의 참혹한 광경에 압도되어 삶 자체와 살아갈 이유에 대해 눈을 감아 버렸다. 나라와 성전과 자유와 수많은 목숨을 잃었고, 앞으로도 계속 잃게 될 그들에게 무슨 삶의 의미가 있겠느냐는 것이었다. 그러나 에스겔은 그 폐허와 잔해 더미 위에서 일하셨던 하나님과, 그 재난을 주권적으로 사용하여 그분의 백성을 새롭게 창조해 나가실 하나님을 그들에게 보여주었다.

"너희를 향한 주 **하나님**의 **메시지**다. 그렇다. 나는 너희를 먼 나라로 쫓았고 이국땅으로 흩어 버렸다. 그러면서도 너희가 가 있는 나라에서 너희에게 임시 성소를 마련해 주었다. 장차 나는 너희가 흩어져 살고 있는 나라와 땅에서 너희를 다시 모으고, 이스라엘 땅을 너희에게 줄 것이다. 너희는 집에 돌아와 청소를 하면서, 혐오스런 신상과 역겨운 우상들을 모두 내다 버릴 것이다. 내가 너희에게 새 마음을 줄 것이다. 너희 안에 새 영을 둘 것이다. 돌 같던 너희 심장을 도려내고, 붉은 피가 도는 튼튼한 심장을 넣어 줄 것이다. 그러면 너희가 나의 율례를 따르고, 성심으로 나의 명령을 따르며 살게 될 것이다. 너희는 나의 백성이 되고, 나는 너희의 하나님이 될 것이다!"(겔 11:16-20)

부정과 절망은 하나님의 백성이 그 정체성을 잃게 만드는 위험 요소였다. 그러나 결국 그들은 그 위기를 극복해 냈다. 재난의 세월 끝에 그들은 활력 넘치는 하나님의 백성이 되어 있었다. 그리고 그것은 많은 부분, 에스겔 덕분이었다.

에스겔

하나님의 보좌

1 [1] 내 나이 서른 살이던 해에, 나는 포로로 잡혀 온 사
람들과 함께 그발 강가에서 살고 있었다. 그해 넷째
달 오일에, 하늘이 열리고 내게 하나님의 환상이 보였다.
2-3 (바빌론 땅 그발 강둑에서 부시의 아들 에스겔 제사장에게 하
나님의 말씀이 임한 시기는, 여호야긴 왕이 포로로 잡혀 온 지 오
년째 되는 달 오일이었다. 그날 **하나님**의 손이 그에게 임했다.)

4-9 내가 보니, 북쪽에서 거대한 모래 폭풍이 불어오는데, 번
갯불이 번쩍이는 거대한 구름이 있었다. 그 구름은 청동빛
으로 빛나는 거대한 불의 덩어리였다. 불 안쪽에는 생물 같

아 보이는 네 형상이 움직이고 있었다. 각각 사람의 형상을
하고 있었으나, 저마다 얼굴이 넷이고 날개도 넷이었다. 다
리는 기둥처럼 튼튼하고 곧게 뻗었으나, 발에는 송아지처럼
굽이 있었고, 청동빛 불꽃이 그 위로 일렁였다. 사면의 날개
밑으로는 사람 손이 있었다. 네 생물 모두 얼굴과 날개가 있
었고, 날개들이 서로 맞닿아 있었다. 그들은 어느 쪽으로도
몸을 돌리지 않은 채 곧장 앞으로 나아갔다.
10-12 그들의 얼굴 모습은 이러했다. 앞쪽은 사람 얼굴이고,
오른쪽은 사자 얼굴이며, 왼쪽은 황소 얼굴이고, 뒤쪽은 독
수리 얼굴이었다. 이것이 그들의 얼굴 모양이었다. 그들의
날개는 쭉 펼쳐져 있었는데, 한 쌍의 날개는 끝이 옆 생물에
닿아 있었고, 다른 쌍의 날개는 각자의 몸을 가리고 있었다.
각 생물은 앞으로 곧게 나아갔다. 영이 이끄는 대로 따라갔
다. 앞으로 나아갈 뿐 몸을 돌리는 법이 없었다.
13-14 네 생물은 맹렬히 타는 불, 혹은 활활 타오르는 횃불 같
은 모습이었다. 불의 혀가 그 생물들 사이를 세차게 오갔으
며, 그 불에서 번개가 터져 나왔다. 그 생물들은 이리 번쩍
저리 번쩍 번개처럼 움직였다.
15-16 네 생물을 가만히 살펴보니, 바퀴처럼 보이는 물체가
네 얼굴을 가진 그 생물들 각각의 옆 바닥에 있었다. 바퀴들
의 생김새를 보니 모양이 모두 같았고, 햇빛을 받은 다이아
몬드처럼 번쩍거렸다. 회전의처럼 바퀴 안에 또 바퀴가 들
어 있는 것 같은 모습이었다.

17-21 그 바퀴들은 사방 어디로 가든지, 방향을 바꾸지 않고
곧게 나아갔다. 그 테두리의 크기는 어마어마했는데, 눈으
로 둘러싸여 있었다. 네 생물이 앞으로 나아가면 바퀴들도
나아갔다. 네 생물이 위로 떠오르면, 바퀴들도 위로 떠올랐
다. 생물들은 영이 가는 곳을 따라 움직였고, 바퀴들도 그들
곁에 꼭 붙어서 함께 움직였다. 네 생물의 영이 바퀴들 안에
들어 있었기 때문이다. 생물들이 나아가면 바퀴들도 나아갔
고, 생물들이 멈추어 서면 바퀴들도 멈추어 섰다. 또 생물들
이 위로 떠오르면, 바퀴들도 위로 떠올랐다. 네 생물의 영이
바퀴들 안에 들어 있었기 때문이다.
22-24 네 생물의 머리 위로 둥근 천장 같은 것이 펼쳐져 있었
는데, 세공 유리같이 반짝이며 그들 머리 위를 창공처럼 덮
고 있었다. 그 둥근 천장 아래에서 그들은 한 쌍의 날개는
옆 생물을 향해 펼치고, 다른 쌍의 날개로는 자기 몸을 덮고
있었다. 그들이 움직일 때 날개 치는 소리가 들려왔다. 거대
한 폭포소리 같기도 하고 강하신 하나님의 음성 같기도 했
으며, 전쟁터에서 들리는 함성 같기도 했다. 멈추어 설 때는
네 생물이 날개를 접었다.
25-28 그들이 날개를 접고 멈추어 섰을 때, 그들의 머리 위 둥
근 천장 위쪽에서 음성이 들려왔다. 둥근 천장 위에는 보좌
처럼 보이는 것이 있었는데, 청보석 같은 청옥빛이었고, 그
보좌 위로 사람처럼 보이는 형상이 우뚝 솟아 있었다. 허리
위쪽은 광을 낸 청동 같은 모습이었고, 허리 아래쪽은 타오

르는 불꽃 같은 모습이었다. 사방이 휘황찬란하게 빛났다!
마치 비 온 날 하늘에 무지개가 떠오른 모습 같았다. 바로
하나님의 영광이었다!
그 모든 광경을 본 나는, 무릎을 꿇고 얼굴을 땅에 대고 엎
드렸다. 그때 한 음성이 내게 들려왔다.

2

1 "사람의 아들아, 일어서라. 내가 너에게 할 말이 있
다."
2 그 음성이 들려온 순간, 그분의 **영**이 내 안에 들어와 나를
일으켜 세우셨다. 그분이 내게 말씀하셨고, 내가 들었다.
3-7 "사람의 아들아, 내가 너를 이스라엘 가문에 보낸다. 역
사상 가장 반역이 심한 그 민족에게 말이다. 그들과 그 조상
은 오늘날까지 반역만을 일삼아 왔다. 완악한 그들에게 내
가 너를 보낸다. 죄로 완악해진 그 백성에게 말이다. 그들에
게 '이는 주 **하나님의 메시지다**' 하고 말하여라. 반역하는 그
족속이 듣지 않더라도 상관없다. 어쨌거나 그들은 예언자가
왔었다는 사실만큼은 알게 될 것이다. 사람의 아들아, 그들
을 두려워하지 말고 그들이 무슨 말을 하든지 겁먹지 마라.
그들 가운데 살다 보면 가시밭길을 걷고 전갈이 나오는 침
대에서 자는 것 같겠지만, 그래도 두려워하지 마라. 그들의
험악한 말이나 험상궂은 표정을 무서워하지 마라. 그들은
반역하는 족속이다. 네가 할 일은 그들에게 내 말을 전하는

것이다. 그들이 듣든지 말든지, 네가 상관할 바가 아니다.
그들은 완악한 반역자들이다.
8 사람의 아들아, 다만 너도 그 반역자들처럼 반역하는 자가
되지 않도록 주의하여라. 입을 열어라. 그리고 내가 주는 이
것을 받아먹어라."
9-10 내가 보니 그분의 손이 내게 뻗어 있는데, 그 손 위에 두
루마리 책이 놓여 있었다. 그분이 그 두루마리를 펴 보이셨
는데, 탄식과 비탄과 재앙이 앞뒤로 적혀 있었다.

이 백성에게 경고하여라

3 1 그분이 내게 말씀하셨다. "사람의 아들아, 이것을
먹어라. 이 책을 먹고 가서, 이스라엘 가문에게 알려
주어라."
2-3 내가 입을 벌리자, 그분이 그 두루마리를 먹여 주시며 말
씀하셨다. "사람의 아들아, 내가 주는 이 책을 먹어라. 배불
리 먹어라!"
나는 그것을 먹었다. 맛이 참 좋았다. 꿀맛 같았다.
4-6 그러자 그분이 내게 말씀하셨다. "사람의 아들아, 이스라
엘 가문에게 가서 나의 메시지를 전하여라. 보아라. 나는 지
금 너를, 발음조차 배우기 힘든 외국어로 말하는 민족에게
보내는 것이 아니다. 차라리 그런 민족이라면, 귀를 쫑긋 세
우고 네 말에 귀를 기울일 것이다.
7-9 그러나 이스라엘 가문은 그렇지 않다. 그들은 너의 말을

듣지 않을 것이다. 그들은 나의 말을 듣기 싫어하기 때문이
다. 내가 말했듯이, 그들은 완악한 자들, 죄로 완악해진 자
들이다. 그러나 내가 너를 그들 못지않게 완강하게 만들겠
다. 내가 네 얼굴을 바위처럼 굳세게, 화강암보다 더 굳세게
만들 것이다. 그들에게 겁먹지 마라. 그 반역자 무리들을 두
려워하지 마라."
10-11 그런 다음 그분이 말씀하셨다. "사람의 아들아, 내가 주
는 이 모든 말을 네 안에 받아들여라. 귀 기울여 듣고 순종
하여 네 것으로 삼아라. 이제 가거라. 그 포로들에게, 너의
백성에게 가서 전하여라. 그들에게 '이는 주 **하나님**의 **메시
지**다' 하고 말하여라. 그들이 듣든지 말든지, 너는 전해야
할 말을 전하여라."
12-13 그때 하나님의 영이 나를 위로 들어 올리셨다. 내 뒤에
서 큰 소란이 일어나는 소리가 들려왔다. "성소에 계신 **하나
님**의 영광을 찬양하여라!" 네 생물이 서로 날개를 부딪치고
바퀴들이 회전하면서 큰 지진이 일어나는 소리가 들렸다.
14-15 하나님의 영이 나를 들어서 멀리 데려가셨다. 나는 괴
롭고 화가 났다. 나는 가고 싶지 않았다. 그러나 **하나님**께서
나를 단단히 붙드셨다. 나는 포로로 잡혀 온 사람들이 살고
있던 델아빕 그발 강가에 도착했다. 그곳에서 망연자실한
채 칠 일 동안 앉아 있었다.
16 칠 일이 지나자, **하나님**께서 내게 이 **메시지**를 주셨다.
17-19 "사람의 아들아, 나는 너를 이스라엘 가문의 파수꾼으

로 세웠다. 너는 내가 하는 말을 듣고, 그때마다 나를 대신
해서 그들에게 경고해야 한다. 내가 악인들에게 '너희는 곧
죽으리라'고 말했는데, 네가 경고해 주지 않으면 그들은 그
대로 죽고 말 것이다. 그러면 이는 네 잘못이 될 것이다. 내
가 너에게 책임을 물을 것이다. 그러나 네가 경고했는데도
계속 그들이 죄를 고집하면, 그들은 그들 죄 때문에 죽을 것
이지만 너는 죽지 않을 것이다. 너는 목숨을 보존할 것이다.
20-21 또한 의인들이라도, 내가 그들 앞에 둔 어려움을 만났
을 때 의로운 삶을 버리고 악의 편에 서면, 그들 역시 죽을
것이다. 네가 그들에게 경고해 주지 않으면 그들은 그들 죄
때문에 죽을 것이며, 그들이 지금껏 행한 모든 의로운 일이
허사가 되고 말 것이다. 나는 네게 책임을 물을 것이다. 그
러나 네가 그 의인들에게 죄짓지 말라고 경고하여 그들이
네 말을 들으면, 그들은 경고를 받아들였으니 살게 될 것이
다. 너도 목숨을 보존할 것이다."
22 **하나님**께서 내 어깨를 꽉 붙잡으시고 말씀하셨다. "일어
나 들로 가거라. 내가 너와 이야기를 나누고 싶다."
23 나는 일어나서 들로 나갔다. 믿을 수 없는 광경이 눈앞에
펼쳐졌다. **하나님**의 영광이었다! 바로 그곳에! 내가 그발
강에서 보았던 것과 같은 영광이었다. 나는 얼굴을 땅에 대
고 엎드렸다.
24-26 그때 하나님의 영이 내 속에 들어와 나를 일으켜 세우
시고 말씀하셨다. "집에 들어가 문을 닫아라." 이어 기이한

말씀이 임했다. "사람의 아들아, 너는 손과 발이 묶인 채 집
에서 나오지 못하게 될 것이다. 내가 네 혀를 입천장에 달라
붙게 하여, 네가 말을 못하게 만들 것이다. 너는 반역자들의
잘못을 지적할 수 없게 될 것이다.
27 그러나 때가 이르면 내가 네 혀를 풀어 줄 테니, 그때 너
는 '주 **하나님**께서 이렇게 말씀하신다' 하고 말하게 될 것이
다. 그때부터는 모든 것이 전적으로 그들에게 달렸다. 그들
이 듣고자 하면 들을 것이고, 듣지 않고자 하면 듣지 않을
것이다. 그들은 반역자들이기 때문이다!"

예루살렘이 포위될 것이다

4 1-3 "사람의 아들아, 이제 벽돌을 하나 가져다가 네
앞에 놓고, 그 위에 예루살렘 도성을 그려 넣어라.
그리고 군대가 그 벽돌을 포위한 모습으로 모형을 만들어
라. 축대를 쌓고, 보루를 쌓고, 진을 치고, 성벽 부수는 무기
를 성 둘레에 놓아라. 또 철판을 가져다가, 너와 그 도성 사
이에 철벽을 세워라. 그리고 그 모형을 마주하고 서라. 도성
은 포위되었고 너는 공격자다. 이는 이스라엘 가문에게 보
여주는 표징이다.
4-5 그런 다음, 네 왼쪽 옆구리를 바닥에 대고 옆으로 누워,
이스라엘 가문의 죄를 네 몸에 얹어라. 너는 옆으로 누워 있
는 날수만큼 그들의 죄를 짊어져라. 네가 그들의 죄를 짊어
질 날수는 그들의 죄의 햇수에 상응하는 390이다. 너는 391

일 동안 이스라엘 가문의 죄를 짊어져야 할 것이다.
6-7 이 일을 마친 다음에, 너는 몸을 돌려서 오른쪽 옆구리를
바닥에 대고 옆으로 누워, 유다 가문의 죄를 짊어져라. 이번
에는 그렇게 사십 일 동안을 누워 있어야 한다. 그들의 죄의
햇수에 상응하는 날수로, 일 년을 하루씩 계산한 것이다. 너
는 포위된 예루살렘을 똑바로 응시하여라. 그리고 소매를
걷어 올리고 손짓을 해가며, 그 도성에 대한 심판을 선포하
여라.
8 내가 너를 줄로 꽁꽁 묶어, 포위 공격 날수를 다 채우기 전
까지는 움직이거나 몸을 돌리지 못하게 할 것이다.
9-12 이제 너는 밀과 보리, 콩과 팥, 조와 귀리를 가져다가 한
그릇에 담고 넓적하게 빵을 하나 만들어라. 이는 네가 옆으
로 누워 있는 390일 동안 먹을 식량이다. 너는 그것을 매일
220그램씩 달아 시간을 정해 놓고 먹어라. 물은 0.5리터씩
달아 시간을 정해 놓고 마셔라. 머핀을 먹는 식으로 그 빵을
먹어라. 모두가 너를 볼 수 있는 곳에서 그 머핀을 굽되, 사
람 똥을 말린 것으로 불을 피워라."
13 **하나님**께서 말씀하셨다. "이는 이스라엘 백성이 당하게
될 일이다. 내가 그들을 여러 이방 민족들에게로 흩어 버리
면, 그들은 거기서 거룩한 백성이 결코 먹어서는 안될 음식
을 먹게 될 것이다."
14 내가 말했다. "주 나의 **하나님**, 그럴 수 없습니다! 저는
지금껏 그런 음식으로 제 자신을 더럽힌 적이 없습니다. 어

려서부터 저는, 죽은 채 발견된 것이든 들짐승에게 찢긴 것
이든, 율법이 금하는 것은 그 어떤 것도 입에 대지 않았습니
다. 금지된 음식은 조금도 입에 넣지 않았습니다."
15 그분이 말씀하셨다. "좋다. 그렇다면 사람 똥 대신 소똥
으로 빵을 구워라."
16-17 그러고 나서 다시 말씀하셨다. "사람의 아들아, 나는 예
루살렘에서 음식이 완전히 동나게 만들 것이다. 사람들은
끼니 때마다 빵을 달아 먹으면서 다음 끼니 걱정을 하고, 마
실 물을 찾아 헤맬 것이다. 온 천하에 기근이 들며, 사람들
이 뼈만 앙상한 서로의 모습을 보며 고개를 절레절레 흔들
것이다. 이것이 바로 그들이 저지른 죄의 결과다."

질투하시는 하나님

5 1-2 "사람의 아들아, 이제 날카로운 칼을 가져다가 그
것을 면도날 삼아 네 머리카락과 수염을 깎아라. 그
다음, 저울을 이용해 그것들을 삼등분하여라. 포위 기간이
끝나면, 그 털의 삼분의 일을 도성 안에서 태우고, 삼분의
일은 칼로 잘게 썰어 도성 주변에 뿌려라. 마지막 삼분의 일
은 바람에 날려 버려라. 그러면 내가 칼을 들고 그것들을 쫓
아가겠다.
3-4 너는 그 털을 조금 가져다가 주머니에 넣어라. 그중 얼마
를 불 속에 던져 넣고 태워라. 거기서 불이 나와 온 이스라
엘 가문으로 번질 것이다.

5-6 주 **하나님**이 말한다. 이것은 예루살렘 이야기다. 나는 그
도성을 세상의 중심에 세우고, 모든 민족을 그 주변에 두었
다. 그런데도 예루살렘은 나의 율법과 규례를 거부했다. 주
변 민족들보다 훨씬 더 심하게—악질적으로!—반역을 일삼
고, 나의 인도를 거절하고, 나의 지도를 무시했다.
7 그러므로, 주 **하나님**이 말한다. 너희는 주변 민족들보다
더 완악하게 나의 인도를 거절했고, 나의 지도를 무시했다.
너희는 주변 민족들 수준으로 추락했다.
8-10 그러므로, 주 **하나님**이 말한다. 내가 너희와 맞설 것이
다. 그렇다. 내가 너희 예루살렘을 대적할 것이다. 모든 민
족이 보는 앞에서 너희에게 벌을 내릴 것이다. 역겨운 우상
을 숭배한 너희 가운데, 내가 지금껏 한 번도 해보지 않았고
앞으로 다시는 하지 않을 일을 일으킬 것이다. 가족이 서로
를 잡아먹을 것이다. 부모가 자식을 잡아먹고, 자식이 부모
를 잡아먹을 것이다! 실로 중한 벌이다. 그리고 남은 자들은
모두 바람에 날려 버릴 것이다.
11-12 그러므로, 살아 있는 나 하나님을 두고 맹세하는데—
주 **하나님**의 포고다—추잡한 짓과 역겨운 우상들로 나의
성소를 더럽힌 너희를 내가 반드시 뽑아 버릴 것이다. 너희
에게 털끝만큼의 동정도 베풀지 않으리라. 너희 백성의 삼
분의 일은 도성 안에서 전염병에 걸려 죽거나 굶어 죽고, 또
삼분의 일은 도성 밖에서 칼에 맞아 죽을 것이며, 나머지 삼
분의 일은 사방에 흩어져 살인자들에게 쫓길 것이다.

13 그제야 비로소 나의 분이 가라앉고 나의 노가 풀리리라.
그때 너희는 내 말이 진담이었음을 알게 될 것이다. 나는 질
투하는 하나님이요, 너희가 결코 함부로 대할 수 없는 이임
을 알게 될 것이다.
14-15 나의 일을 모두 마치면, 너는 폐허 더미로 변할 것이다.
지나가는 민족들이 보며 야비한 농담을 지껄일 것이다. 나
의 모진 벌과 혹독한 징계가 끝나면 너는 조롱거리와 웃음
거리로 전락하고, 주변 민족들은 너에 대해 이야기하며 무
서워 떨 것이다. 나 **하나님**의 말이다.
16-17 나는 너희에게 살인적 기근의 화살을 쏠 것이다. 너희
를 죽이려고 쏘는 화살이다. 기근을 점점 악화시켜 식량이
동나게 만들 것이다. 기근은 연이어 찾아오리라. 그런 다음
에는 들짐승을 보내 너희 자녀들을 앗아 갈 것이다. 그리고
전염병과 살육과 죽음을 보낼 것이다! 나 **하나님**의 말이다."

하나님께서 우상숭배를 심판하시다

6 1-7 그때 **하나님**의 말씀이 내게 임했다. "사람의 아들
아, 이제 몸을 돌려 이스라엘의 산들을 마주 보고, 그
것들에게 내릴 심판을 전하여라. '이스라엘의 산들아, 주 **하
나님**의 메시지를 들어라. 주 **하나님**께서 산과 언덕에게, 계
곡과 골짜기에게 말씀하신다. 나는 너희가 신성하게 여기는
산당을 없애 버릴 것이다. 너희의 제단을 허물고, 태양신 기
둥들을 무너뜨리며, 우상들에게 절하는 너희 백성을 죽일

것이다. 내가 이스라엘 백성의 시체를 너희 우상들 앞에 쌓아 놓고, 그 뼈를 산당 주변에 흩뿌릴 것이다. 너희가 살았던 모든 곳과 성읍들이 폐허가 될 것이며, 이방 산당들이 파괴될 것이다. 제단들이 부서지고 우상들이 박살나며, 맞춤 제작된 태양신 기둥들이 모두 무너지고, 시체들이 사방에 널브러질 것이다! 그제야 너희는 내가 **하나님**인 줄 알게 될 것이다.

8-10 그러나 나는 소수의 사람들을 살려 여러 이방 땅과 민족들 가운데 흩어져 살게 할 것이다. 그들은 전쟁포로로 잡혀간 낯선 나라에서 나를 기억할 것이다. 그들은 자신들의 반역과 탐욕스런 욕망을 좇아서 행한 우상숭배에 내가 얼마나 몸서리쳤는지 깨닫게 될 것이다. 자신들이 걸어온 악한 길과 하나님이 역겨워한 그 삶을 역겨워하게 될 것이다. 그들은 내가 **하나님**인 줄 알게 되고, 그들을 심판하겠다고 했던 나의 말이 허풍이 아니었음을 알게 될 것이다.

11-14 주 **하나님**이 말한다. 너는 손뼉을 치고 발을 구르며 "아니, 이럴 수가!" 하고 소리쳐라. 이스라엘에 만연한 역겨운 악행들을 보며 소리쳐라. 그들은 칼에 맞아 죽고, 굶어 죽고, 전염병에 걸려 죽을 것이다. 사방이 죽음 천지가 될 것이다. 사람들의 목숨이 파리 목숨 같아지리라. 먼 곳에서 쓰러져 죽고, 가까운 곳에서도 쓰러져 죽고, 도성에 남은 자들은 굶어 죽으리라. 이유를 묻느냐? 내가 노했기 때문이다. 불같이 노했기 때문이다. 황량한 언덕과 우거진 숲에 자리

한 음란한 종교 산당들의 폐허와, 그들이 음란한 의식을 행하던 모든 곳 주위에 백성의 시체가 널브러져 뒹굴리라. 그들은 그 광경을 보고 그제야 내가 **하나님**인 줄 알게 될 것이다. 내가 그들을 내 손으로 짓누르고 그들의 땅을 황폐하게 만들 것이다. 광야 이 끝에서 리블라에 이르는 지역 전부를 황무지로 바꿔 놓을 것이다. 그제야 그들은 내가 **하나님**인 줄 알게 될 것이다!'"

끝이 가까이 왔다

7 1-4 **하나님**의 말씀이 내게 임했다. "너 사람의 아들아,
주 **하나님**이 이스라엘 땅에 대해 주는 **메시지**다.

끝이다.
모두, 끝장이다.
다 끝났다. 너희는 이제 끝이다.
내가 너희를 향해 진노를 발했다.
너희가 살아온 길에 대해 유죄 선고를 내렸다.
너희가 저지른 역겨운 행위들의 대가를 치르게 하겠다.
너희를 봐주지도 않으며,
너희를 동정하지도 않을 것이다.
너희가 살아온 길의 대가를 치르게 할 것이다.
너희가 저지른 역겨운 행위들이 네 뒤통수를 칠 것이다.
그제야 너희는 내가 **하나님**인 줄 알게 될 것이다.

5-9 나, 주 **하나님**이 말한다.
재앙이다! 연이은 재앙이다! 보아라, 또 온다!
끝이다.
끝이 오고 있다.
거의 이르렀다. 보아라, 저기 온다!
이 땅에 사는 사람들아, 이것이 너희의 운명이다.
시간이 되었다.
공격 개시 시간이다.
더 이상 망설이거나,
시간을 끌지 않을 것이다.
이제 내가 너희에게 나의 진노를 쏟아붓고,
나의 노를 퍼부을 것이다.
너희가 살아온 길에 대해 유죄 선고를 내리고,
너희의 역겨운 행위들의 대가를 치르게 할 것이다.
너희를 봐주지도 않으며,
너희를 동정하지도 않을 것이다.
너희가 살아온 길의 대가를 치르게 할 것이다.
너희가 저지른 역겨운 행위들이 네 뒤통수를 칠 것이다.
그때 너희는
너희를 친 이가, 바로 나 **하나님**인 줄 알게 될 것이다.

10-13 심판의 날이다!
파멸이 임했다.

커다란 홀을 쥐고 위세를 부리며
도를 넘어 오만하게 굴던 그들,
폭력을 행사하며
악한 홀을 휘두르던 자들이었다.
그러나 그들, 이제 아무것도 아니다.
완전히 거덜 날 것이다.
시간이 다 되었다.
카운트다운이 시작된다. 오, 사, 삼, 이…….
물건을 사는 자들이여, 자만할 것 없다.
물건을 파는 자들이여, 근심할 것 없다.
진노의 심판이 세상을 완전히 뒤집어 놓았다.
이제 사고파는 일이 토대부터 무너져 내렸다.
다시는 회복되지 않으리라.
경기가 좋아지리라는 희망은 품지 마라.
나라 전체가 죄로 인해 파산할 것이다.
다시는 일어서지 못할 것이다.

14-16 전쟁 나팔이 울린다.
'전투 준비!'
그러나 아무도 싸우러 나가지 않는다.
나의 노가 그들을 마비시켰다!
밖으로 나온 자들은 길거리에서 죽임당하고,
집에 돌아간 자들은 굶어 죽거나 병들어 죽는다.

그도 아니면, 벌판에서 칼에 맞아 죽고,
성읍에서 병들어 죽거나 굶주려 죽는다.
살아남은 자들은 산으로 달아난다.
골짜기에 숨어 비둘기처럼 구슬피 운다.
각자 자신의 죄를 생각하며
슬피 운다.

17-18 모두 손에 맥이 풀리고
무릎의 힘이 빠진다.
거친 베옷을 걸친 그들,
머리를 완전히 밀고
수치심으로 얼굴을 들지 못한 채 머리만 굴리는,
초라하고 비참한 신세다.

19-27 그들, 자기 돈을 시궁창에 갖다 버린다.
어렵사리 벌어들인 현금이 오물 같은 악취를 풍긴다.
심판의 날, 그들은 돈으로
아무것도 살 수 없음을 깨닫는다.
그들은 돈에 걸려 넘어져
죄의 나락으로 떨어졌다.
보석을 주렁주렁 걸치고 으스대던 그들,
화려한 장신구로 천박한 우상을 꾸미던 그들.
내가 그 역겨운 우상들을 악취 나는 오물로 만들 것이다.

그 신성한 오물들을 내다 버릴 것이다.
이방인들이 그것을 거저 주워 갈 것이요,
불경한 자들이 거기에 침을 뱉고 농담을 지껄일 것이다.
난폭한 이방인들이 난입하여
나의 소중한 성전과 백성을
유린하고 더럽힐 때,
도성에 범죄와 폭력이 들끓고
피비린내 나는 학살이 벌어질 때,
나는 내 얼굴을 돌려, 모른 체할 것이다.
인간쓰레기들이 쳐들어와,
내 백성의 집을 차지하게 할 것이다.
지체 높고 권세 있는 자들이
자랑과 오만을 멈추게 하고,
그들의 신성한 장소에
신성한 것이 하나도 남지 않게 만들 것이다.
재앙이 내려온다. 그들은 평화를 찾지만,
평화는 종적을 감추었다.
재난이 꼬리에 꼬리를 물고 들이닥치고,
흉흉한 소문이 연이어 들려온다.
대체 무슨 영문인지 말해 줄 예언자를 찾지만,
사태를 파악하는 자 아무도 없다.
제사장도 짐작조차 하지 못한다.
장로들이 할 말을 모른다.

왕은 절망 가운데 고개를 떨어뜨리고,
제후는 망연자실 넋을 잃는다.
백성들은 사지가 굳는다.
공포에 사로잡혀 꼼짝도 하지 못한다.
내가 그들의 실체를 드러내고
그들 식대로 심판하리라.
그들은 내가 **하나님**인 줄 알게 될 것이다."

예루살렘의 우상숭배

8 1-4 여섯째 해 여섯째 달 오일에, 내가 집에서 유다 지
도자들과 모임을 가지며 앉아 있는데, 나의 주 **하나**
님의 손이 나를 사로잡는 일이 일어났다. 나는 보았고, 보고
서 몹시 놀랐다. 내가 본 것은 사람처럼 보이는 형상이었다.
허리 아래는 불 같고, 허리 위는 광채 나는 청동 같았다. 그
분이 손처럼 보이는 것을 내미셔서 내 머리카락을 움켜쥐셨
다. 하나님께서 환상을 보여주시는 중에, 하나님의 영이 나
를 공중으로 높이 들어 올려, 예루살렘 성전 안뜰 북문 입구
로 옮기셨다. 하나님을 몹시 노하게 한 음란한 여신상이 세
워져 있는 곳이었다. 내 바로 앞에 이스라엘의 하나님의 영
광이 있었다. 전에 들에 나가서 보았던 환상과 똑같았다.
5 그분이 내게 말씀하셨다. "사람의 아들아, 북쪽을 보아
라." 북쪽을 보니, 바로 북문 입구쪽으로, 하나님을 몹시 노
하게 한 음란한 여신 아세라의 제단이 모습을 드러냈다.

6 그분이 또 말씀하셨다. "사람의 아들아, 그들이 지금 무엇
을 하고 있는지 보이느냐? 입에 담기조차 역겨운 짓을, 그
것도 바로 이곳 성전에서 저지르고 있다! 이것만으로도 나
는, 여기 내 성전에 도저히 머물 수가 없다. 그러나 너는 더
심한 것을 보게 될 것이다."

7 그분이 나를 성전 뜰로 들어가는 문으로 데려가셨다. 내가
보니, 벽에 갈라지는 구멍이 있었다.
8 그분이 말씀하셨다. "사람의 아들아, 그 벽을 파서 뚫어라."
내가 벽을 파서 뚫으니 어떤 문이 나타났다.
9 그분이 말씀하셨다. "이제 그 문으로 들어가서, 그들이 벌
이는 역겨운 짓을 한번 보아라."
10-11 내가 들어가서 보니, 사방의 벽이 온갖 파충류와 짐승,
괴물 그림으로 도배가 되어 있었다. 나는 내 눈을 의심했다.
그것은 이스라엘이 숭배하는 이집트 신들의 그림이었다. 그
방 가운데 이스라엘 지도자 일흔 명이 모여 있었는데, 그 한
가운데에 사반의 아들 야아사냐가 서 있었다. 저마다 손에
든 향로에서 향의 연기가 구름처럼 올라가고 있었다.
12 그분이 말씀하셨다. "사람의 아들아, 장로들이 이 어두운
방, 자기가 좋아하는 신의 그림 앞에 서서 무슨 짓을 하고
있는지 보이느냐? 그들은 이렇게 중얼거린다. '**하나님**은
우리를 보시지 않는다. **하나님**께서 이 나라를 버리셨다.'"

13 그분이 또 말씀하셨다. "너는 더 심한 것을 보게 될 것
이다."

14-15 그분이 나를 **하나님**의 성전 북문 입구로 데려가셨다.
그곳에는 여인들이 앉아서, 바빌론 다산의 신 담무스를 위
해 슬피 울고 있었다. 그분이 말씀하셨다. "사람의 아들아,
볼 만큼 보았다고 생각하느냐? 아니다. 너는 더 심한 것을
보게 될 것이다."

16 마지막으로, 그분이 나를 **하나님**의 성전 안뜰로 데려가셨
다. 거기 현관과 제단 사이에 스물다섯 명가량의 사람들이
모여 있었다. 그들은 **하나님**의 성전을 등지고 서 있었다. 동
쪽을 바라보고 태양에게 절하며 경배하고 있었다.
17-18 그분이 말씀하셨다. "사람의 아들아, 잘 보았느냐? 유
다는 입에 담기조차 역겨운 이런 짓을 벌이고 있다. 이것으
로도 모자라 나라를 폭력으로 가득 채우고, 거기에 더해 온
갖 역겨운 짓으로 나의 진노를 더하게 한다. 그렇다. 그들이
불러들인 하나님의 진노가 이제 그들에게 쏟아졌다! 더 이
상 자비는 없다. 그들이 아무리 소리를 질러 대도, 나는 듣
지 않을 것이다."

예루살렘을 향해 진노를 쏟으시다

9 [1] 그때 나는 그분이 큰소리로 외치는 소리를 들었다.
"사형 집행인들아, 오너라! 너희 살인병기들을 들고
오너라."
[2] 그러자 여섯 사람이 북쪽으로 향하는 윗문 길로 내려왔는
데, 각자 자신의 살인병기를 들고 있었다. 그들 사이로 모시
옷을 입은 한 사람이 있었는데, 어깨에 필묵통을 메고 있었
다. 그들이 들어와 청동제단 옆에 섰다.
[3-4] 이스라엘의 하나님의 영광이 그때까지 머물던 그룹 천사
들 위로 떠올라 성전 문지방으로 자리를 옮겨 갔다. 그분이
모시옷을 입고 필묵통을 멘 사람을 부르셨다. "예루살렘의
거리를 돌아다니면서, 그곳에서 일어나는 역겨운 짓들 때문
에 괴로워하는 모든 사람의 이마에 표를 해놓아라."
[5-6] 나는 그분이 사형 집행인들에게 연이어 하시는 말씀을
들었다. "너희는 저 사람의 뒤를 따라 도성을 다니면서 죽여
라. 누구도 불쌍히 여기거나 가엾게 여기지 마라. 노인과 여
자들도 죽이고, 젊은이들도 죽이고, 엄마와 아이들도 죽여
라. 그러나 이마에 표가 있는 사람은 손대서는 안된다. 내
성전에서부터 일을 시작하여라."
그들은 성전 앞에 있는 지도자들부터 죽이기 시작했다.
[7-8] 그분이 사형 집행인들에게 이르셨다. "너희는 성전을 더
럽혀라. 시체들로 뒤덮어라. 그리고 밖으로 나가 살육을 계
속하여라." 그들은 밖으로 나가 도성을 쳤다.

대학살이 진행되는 동안, 나는 홀로 남겨졌다. 나는 얼굴을 땅에 대고 엎드려 기도했다. "오, 주 나의 **하나님**! 예루살렘에 이렇듯 주의 진노를 쏟아부으셔서, 이스라엘에 남은 자들을 다 죽이실 작정입니까?"

9-10 그분이 말씀하셨다. "이스라엘과 유다의 죄악이 참으로 크다. 땅이 온통 살인 천지고, 도성이 불법으로 가득하다. 모두가, '하나님께서 나라를 버리셨다. 우리가 무슨 일을 하든지 보시지 않는다'고 말한다. 그것이 무슨 말이냐? 나는 똑똑히 보고 있다. 나는 그들 누구도 불쌍히 여기지 않을 것이다. 그들은 자기 죄의 대가를 치르게 될 것이다."

11 바로 그때, 모시옷을 입고 필묵통을 메고 있던 사람이 돌아와서 보고했다. "주께서 이르신 대로 다 행했습니다."

영광이 성전을 떠나다

10

1 그 다음 내가 보니, 그룹 천사들의 머리 위에 있는 둥근 천장 위로 청옥처럼 빛나는 보좌의 형상 같은 것이 솟아 있었다!

2-5 **하나님**께서 모시옷을 입은 사람에게 말씀하셨다. "그룹 천사들 밑에 있는 저 바퀴들 사이로 들어가 숯불을 두 손 가득 움켜쥔 다음, 이 도성 위에 뿌려라."

나는 그 사람이 들어가는 모습을 지켜보았다. 그가 들어갈 때 그룹들은 성전 남쪽에 서 있었고, 안뜰에는 구름이 가득 피어올랐다. 그때 **하나님**의 영광이 그룹들 위로 떠올라 성

전 문지방으로 자리를 옮겨 갔고, 성전에 구름이 가득 차면
서 뜰과 성전이 **하나님**의 영광으로 빛나고, 그분의 임재로
가득 찼다. 그리고 소리가 들렸다! 그룹들이 날개 치는 소리
였다. 그 소리가 바깥뜰에까지 들리는데, 마치 강하신 하나
님의 천둥소리 같았다.
6-8 **하나님**께서 모시옷을 입은 사람에게 "저 바퀴들 사이, 그
룹들 사이에서 불을 집어내라" 하고 명령하시자, 그가 안으
로 들어가서 바퀴 옆에 섰다. 그룹들 가운데 하나가 불 속으
로 손을 뻗어 숯불 얼마를 집어내어 모시옷을 입은 사람의
손에 얹어 주니, 그가 숯불을 받아서 밖으로 나왔다. 그룹들
의 날개 밑에는 사람 손처럼 보이는 것이 있었다.
9-13 그 후에 나는 그룹 옆에 하나씩 있는 네 바퀴를 보았다.
광채 나는 그 바퀴들은 햇빛을 받아 반짝거리는 다이아몬드
같았다. 네 바퀴의 생김새가 비슷해서, 바퀴 안에 다른 바퀴
가 들어 있는 것처럼 보였다. 그룹들이 움직일 때 바퀴도 네
방향으로 자유롭게 움직였는데, 늘 곧게만 나아갔다. 그룹들
이 어디로 가든지, 바퀴들도 그리로 곧게 나아갔다. 그룹들
의 등과 손과 날개는 눈으로 가득했다. 바퀴들 역시 눈으로
가득했다. 그 바퀴들의 이름은 '바퀴들 안의 바퀴들'이었다.
14 그룹들은 각각 네 개의 얼굴을 갖고 있었다. 첫째는 천사
의 얼굴, 둘째는 사람의 얼굴, 셋째는 사자의 얼굴, 넷째는
독수리의 얼굴이었다.
15-17 그때 그룹들이 위로 떠올랐다. 그들은 내가 그발 강에

서 보았던 바로 그 생물들이었다. 그룹들이 움직이면, 그
들 옆의 바퀴들도 함께 움직였다. 그룹들이 날개를 펴고
지면에서 떠오르면, 바퀴들도 그들 곁에 바짝 붙어 따라
움직였다. 그룹들이 멈추어 서면, 바퀴들도 멈추어 섰다.
그룹들이 치솟으면 바퀴들도 치솟았는데, 이는 그 생물들
의 영이 바퀴들 안에도 있었기 때문이다.
18-19 그때 **하나님**의 영광이 성전 입구를 떠나 그룹 위를 맴
돌았다. 그룹들이 날개를 펼치고 지면에서 떠오르자, 바퀴
들도 그들 곁에 바짝 붙어 따라갔다. 그들은 성전 동문 입구
에서 멈추어 섰다. 이스라엘의 하나님의 영광이 그들 위에
있었다.
20-22 그들은 내가 전에 그발 강에서 본 그 생물들이었고, 이
스라엘의 하나님 아래에 있었다. 나는 그들을 바로 알아보
았다. 그들은 각기 얼굴이 넷이고 날개도 넷이었다. 그들의
날개 아래에는 사람의 손처럼 보이는 것이 있었다. 그 얼굴
은 내가 그발 강에서 보았던 모습 그대로였다. 그들은 각기
앞으로 곧게 나아갔다.

새 마음과 새 영

11 1 그때 하나님의 영이 나를 들어 올리셔서, 성전
동쪽 문으로 데리고 가셨다. 그 문에는 스물다섯
사람이 서 있었다. 나는 그들 사이에 지도자인 앗술의 아들
야아사냐와 브나야의 아들 블라댜가 있는 것을 보았다.

2-3 **하나님**께서 말씀하셨다. "사람의 아들아, 저들은 이 도
성의 죄를 도안하고 악을 기획한 자들이다. 저들은 말한다.
'우리는 못할 일이 없다. 우리가 최고다. 고깃국 그릇 속에
든 특등심이다.'
4 사람의 아들아, 저들과 맞서라. 저들을 대적하여 말씀을
전하여라."
5-6 그때 **하나님**의 영이 내게 임하여 할 말을 일러 주셨다.
"**하나님**께서 이렇게 말씀하신다. '이스라엘아, 멋진 연설이
기는 하다만 나는 너희가 품은 생각을 잘 알고 있다. 너희는
이 도성에서 수많은 자들을 살해했다. 거리마다 시체 더미
가 높이 쌓여 있다.'
7-12 그러므로 주 **하나님**께서 말씀하신다. '너희가 거리마다
쌓아 놓은 시체들이 바로 고기요, 이 도성은 가마솥이다. 그
런데 너희는 이 가마솥 속에도 들어 있지 않다! 내가 너희를
밖으로 던져 버릴 것이다! 너희가 두려워하는 전쟁이 닥치
리라. 내가 전쟁을 일으켜 너희를 칠 것이다. 너희를 이 도
성 밖으로 던져 버리고 이방인들에게 넘겨주어, 혹독한 벌
을 받게 할 것이다. 너희는 전쟁터에서 살해당할 것이다. 내
가 이스라엘의 국경에서 너희를 심판할 것이다. 그때 너희
는 내가 **하나님**인 줄 알게 될 것이다. 이 도성은 너희에게
가마솥이 되지 않을 것이며, 너희 또한 그 속에 든 특등심이
되지 못할 것이다. 천만의 말씀이다. 내가 이스라엘의 국경
에서 너희를 심판할 것이며, 그제야 너희는 내가 **하나님**인

줄 알게 될 것이다. 이는 너희가 나의 율례와 규례를 따르지
않았기 때문이다. 너희는 나의 길을 따르는 대신에, 주변 민
족들의 규례를 따랐고, 그들의 수준으로 추락했다.'"
13 내가 말씀을 전하고 있는 중에 브나야의 아들 블라댜가
죽었다. 나는 얼굴을 땅에 대고 엎드려 큰소리로 기도했다.
"주 **하나님**! 이스라엘에 남은 자들 전부를 모두 없애 버리
시렵니까?"
14-15 **하나님**이 응답하셨다. "사람의 아들아, 예루살렘 주민
이 네 혈육, 곧 너와 같이 포로로 잡혀 온 이스라엘 백성 전
체를 두고 이렇게 말한다. '그들은 먼 나라에 가 있어 **하나
님**과 멀리 떨어졌다. 이제 이 땅은 우리 차지다.'
16-20 그러므로 그들에게 이렇게 전하여라. '너희를 향한 주
하나님의 메시지다. 그렇다. 나는 너희를 먼 나라로 쫓았고
이국땅으로 흩어 버렸다. 그러면서도 너희가 가 있는 나라에
서 너희에게 임시 성소를 마련해 주었다. 장차 나는 너희가
흩어져 살고 있는 나라와 땅에서 너희를 다시 모으고, 이스
라엘 땅을 너희에게 줄 것이다. 너희는 집에 돌아와 청소를
하면서, 혐오스런 신상과 역겨운 우상들을 모두 내다 버릴
것이다. 내가 너희에게 새 마음을 줄 것이다. 너희 안에 새
영을 둘 것이다. 돌 같던 너희 심장을 도려내고, 붉은 피가
도는 튼튼한 심장을 넣어 줄 것이다. 그러면 너희가 나의 율
례를 따르고, 성심으로 나의 명령을 따르며 살게 될 것이다.
너희는 나의 백성이 되고, 나는 너희의 하나님이 될 것이다!

21 그러나 고집을 부리며 여전히 흉측한 신상과 역겨운 우상
들에 집착하는 자들은 사정이 다를 것이다! 그런 자들은 행
한 그대로 갚아 줄 것이다.' 주 **하나님**의 포고다."
22-23 그때 그룹들이 날개를 펼쳤는데, 바퀴들이 그들 곁에
있고 이스라엘의 하나님의 영광이 그들 위에 머물고 있었
다. **하나님**의 영광이 도성 안에서 떠올라, 도성 동쪽 산 위
에 머물렀다.

24-25 그때 하나님의 영이 환상 중에 나를 붙잡아, 바빌론에
포로로 잡혀 온 사람들의 무리 속으로 다시 들어 옮기셨다.
그 후에 그 환상이 나를 떠났다. 나는 **하나님**께서 보여주신
모든 내용을 포로로 잡혀 온 사람들에게 말해 주었다.

포로가 될 것을 상징으로 보여주다

12 1-6 **하나님**의 **메시지**가 내게 임했다. "사람의 아
들아, 너는 지금 반역하는 백성 가운데 살고 있
다. 그들은 눈이 있어도 보려고 하지 않고, 귀가 있어도 들
으려 하지 않는다. 그들은 전부 반역자들이다. 그러므로 사
람의 아들아, 너는 포로 행장을 꾸려 대낮에 모두가 보는 앞
에서 길을 떠나라. 포로로 잡혀가는 사람처럼 떠나라. 그러
면 반역자들인 그들이 지금의 상황을 깨닫게 될지도 모른
다. 그들이 지켜보는 앞에서 포로로 잡혀가는 사람처럼 생

필품 행장을 꾸려서, 저녁 무렵에 길을 떠나라. 그들이 보
는 앞에서 성벽에 구멍을 뚫고 네 짐 꾸러미를 그리로 내보
내라. 사람들이 다 보는 앞에서 그 짐을 어깨에 메고 밤길을
떠나라. 너는 얼굴을 가려, 다시는 못 볼 것에 네 시선이 가
지 않게 하여라. 나는 너를 이스라엘 가문에 보여주는 표징
으로 삼을 것이다."
7 나는 그분이 명령하시는 대로 했다. 내 물건을 한데 모아
서 모두가 잘 볼 수 있도록 길거리에 내다 놓고, 포로로 잡
혀가는 사람처럼 그것을 한 묶음으로 꾸렸다. 그리고 해가
저물녘에 내 손으로 성벽에 구멍을 내었다. 어둠이 내릴
무렵, 나는 사람들이 지켜보는 앞에서 어깨에 짐을 짊어지
고 길을 떠났다.
8-10 다음 날 아침에 **하나님**께서 내게 말씀하셨다. "사람의
아들아, 반역자 이스라엘의 무리 중에 '대체 지금 뭐하는 거
요?' 하고 누가 네게 묻거든, 그들에게 말하여라. '주 **하나님**
께서 말씀하신다. 이는 예루살렘의 왕 시드기야에 관한 **메
시지**다. 이는 또한 이스라엘 백성 전체에 관한 메시지이기
도 하다.'
11 그들에게 말하여라. '나는 지금 너희를 위해 그림을 그리
고 있다. 내가 지금 하는 이 일을, 이스라엘의 모든 백성이
하게 될 것이다. 그들 모두가 포로로 잡혀 끌려갈 것이다.'
12-15 시드기야 왕은 어두운 밤에 자기 짐 꾸러미를 어깨에
짊어지고 떠날 것이다. 그는 성벽에 구멍을 뚫고, 다시는 못

볼 땅을 보지 않으려고 얼굴을 가릴 것이다. 그러나 나는 그
가 붙잡혀 바빌론으로 끌려가게 만들 것이다. 그는 눈이 멀
어, 그 땅을 보지도 못하고 살다가 거기서 죽을 것이다. 내
가 그의 탈출을 도운 자들과 그의 군대를 사방으로 흩어 버
릴 것이며, 많은 자들이 전장에서 죽을 것이다. 내가 사람들
을 여러 나라로 흩어 버릴 것이며, 그때에야 그들은 내가 **하
나님**인 줄 알게 될 것이다.
16 나는 그들 가운데 얼마를 살려 두어 살육과 굶주림과 죽
을병을 피하게 하고, 이방 나라에서 그들의 추하고 역겨운
과거 행위들을 고백하면서 살게 할 것이다. 그들은 내가 **하
나님**인 줄 알게 될 것이다."

17-20 **하나님**의 **메시지**가 내게 임했다. "사람의 아들아, 너
는 벌벌 떨며 음식을 먹고, 두려워하며 물을 마셔라. 이 땅
의 백성에게, 예루살렘과 이스라엘에 사는 모두에게 **하나
님**의 **메시지**를 전하여라. '너희는 벌벌 떨며 음식을 먹고,
겁에 질린 채 물을 마시게 될 것이다. 이 땅을 폭행으로 뒤
덮은 일에 대한 벌로, 너희 땅이 황폐해질 것이기 때문이
다. 모든 성읍과 마을이 텅텅 비고, 밭들도 황무지가 될 것
이다. 그제야 너희는 내가 **하나님**인 줄 알게 될 것이다.'"

21-22 **하나님**의 **메시지**가 내게 임했다. "사람의 아들아, 이스
라엘 땅에 '세상은 늘 그대로다. 예언자들의 경고는 공연한
헛소리에 불과하다'는 말이 돌고 있다니, 어찌 된 일이냐?
23-25 그들에게 말하여라. '주 **하나님**께서 말씀하신다. 이 말
은 곧 종적을 감추게 될 것이다!'
그들에게 말하여라. '시간이 다 되었다. 이제 곧 모든 경고
가 실현될 것이다. 거짓 경보와 안일한 설교는 더 이상 이스
라엘에 발붙일 수 없다. 나 **하나님**이 나서서 말할 것이다.
내가 말하면, 그대로 이루어진다. 어떤 말이든 지체 없이 이
루어진다. 너희 반역자들아, 나는 내가 말하는 것을 곧 이룰
것이다!' 주 **하나님**의 포고다."

26-28 **하나님**의 **메시지**가 내게 임했다. "사람의 아들아, '그
예언자의 경고는 먼 훗날에 대한 것이다', '그는 먼 장래에
대해 말하는 것이다'라는 말이 들리느냐? 이스라엘에게 말
하여라. '주 **하나님**께서 말씀하신다. "나의 말은 무엇이든
지체 없이 이루어진다. 내가 말하는 것은 그대로 이루어진
다."' 주 **하나님**의 포고다."

거짓 예언자들

13 1-2 **하나님**의 **메시지**가 내게 임했다. "사람의 아
들아, 제 머리로 무언가를 지어내고 그것을 일컬

어 '예언'이라고 떠드는 이스라엘 예언자들을 대적하여 말씀
을 전하여라.
2-6 그들에게 진짜 예언의 말씀을 전해 주어라. 너는 이렇게
말하여라. '**하나님**의 **메시지**를 들어라! 주 **하나님**께서 제멋
대로 떠드는 무지몽매한 예언자들에게 재앙을 선언하신다!
이스라엘아, 너희 예언자들은 먹이를 찾아 폐허를 배회하는
여우와 같다. 그들은 도성 방어벽을 보수하는 일에 손가락
하나 까딱하지 않으며, **하나님**의 심판 날을 맞는 이스라엘
을 도우려는 생각이 전혀 없는 자들이다. 그들이 하는 일이
란, 듣기 좋은 말로 망상을 심어 주고 거짓을 설교하는 것이
전부다. 그들은 입만 열면 '**하나님**께서 말씀하시기를' 하고
되뇌이지만, 나 **하나님**은 그들에게 눈길 한번 준 적이 없다.
그런데도 그들은 자신들의 말이 이루어지기를 기다린다.
7-9 너희는 순전히 잠꼬대 같은 소리를 지껄이고 있지 않느
냐? 내가 너희에게 말한 적이 없는데도 '**하나님**께서 말씀하
시기를' 운운하는 너희 설교는 새빨간 거짓말이 아니고 무
엇이냐? 이제 기억하여라. 주 **하나님**의 **메시지**다. 하나님이
준 환상 대신에 제멋대로 본 망상을 퍼뜨리고, 설교를 이용
해 거짓을 말하는 예언자들을 내가 철천지원수로 여길 것이
다. 그들을 내 백성의 공회에서 추방시키고, 이스라엘 명부
에서 이름을 빼며, 이스라엘 땅에 출입하지 못하게 할 것이
다. 그제야 너희는 내가 주 **하나님**인 줄 알게 될 것이다.
10-12 그들은 내 백성을 속였다. 상황을 무시하고 '다 괜찮다.

아무 문제없다'고 말했다. 그들은 사람들이 담을 세우면, 뒤
에 서 있다가 그 담에 회칠하는 자들이다. 회칠하는 자들에
게 말하여라. '폭우가 내리고 우박이 쏟아지고 폭풍이 휩쓸
어 담이 무너지면, 보기 좋으라고 처바른 그 회칠이 대체 무
슨 소용이 있겠느냐?'
13-14 앞으로 일어날 일이 바로 그와 같다. 나 주 **하나님**이 말
한다. '나는 내 진노의 폭풍을 일으킬 것이다. 분노의 우박을
억수같이 쏟아부을 것이다. 너희가 회칠한 그 담을 내가 쓰
러뜨리리라. 완전히 무너뜨려 기초만 덩그러니 남게 할 것
이다. 그것이 무너져 내리는 날, 너희도 다 같이 망하여 죽을
것이다. 그제야 너희는 내가 **하나님**인 줄 알게 될 것이다.
15-16 내가 그 담과, 거기에 회칠한 자들에게 나의 진노를
쏟아부을 것이다. 그들에게 말하리라. "담이 무너졌구나.
공들여 회칠을 했는데 헛수고였구나." 내 경고를 무시하
고 다 괜찮다며, 예루살렘에게 제멋대로 자기 환상을 전
한 이스라엘의 예언자들에게, 내가 그렇게 말할 것이다. 주
하나님의 포고다.'
17-19 사람의 아들아, 자기 멋대로 말을 지어내는 여예언자
들을 대적하여라. 그들과 맞서라. 마법의 팔찌나 이 사람 저
사람 구미에 맞는 머리 너울을 만들어 영혼을 덫에 걸리게
하는 그 여자들에게 '화가 있으리라' 말하여라. 또 이렇게 말
하여라. '너희가 내 백성의 영혼을 죽이려 하느냐? 부와 인
기를 얻겠다고 사람의 영혼을 이용하느냐? 너희는 성공을

위해 내 백성 앞에서 나를 욕되게 했고, 사람들의 호감을 얻
기 위해 나를 이용했다. 죽어서는 안될 영혼들을 죽였고, 살
아서는 안될 영혼들을 살려 주었다. 너희는 속기 좋아하는
백성을 속여 넘겼다.'
20-21 **하나님**이 말한다. '나는 영혼을 사냥하는 데 사용하는
네 모든 도구와 기술을 그냥 두지 않을 것이다. 너희 손에
서 그것들을 빼앗을 것이다. 너희가 사로잡으려 했던 영
혼들을 내가 풀어 줄 것이다. 너희 마술 팔찌와 너울을 갈
기갈기 찢어 버리고, 너희의 마수에서 내 백성을 건져 내
어, 그들이 더 이상 희생되지 않게 할 것이다. 그제야 너
희는 내가 **하나님**인 줄 알게 될 것이다.
22-23 이제 너희는 끝장이다. 너희는 선량하고 순진무구한 이
들을 거짓말로 속여 혼돈과 혼란에 빠뜨렸다. 사람들이 악
을 저지르도록 거들고, 그들이 내게 돌아와 구원받을 생각
을 아예 하지 못하게 만들었다. 그러나 망상을 팔고, 거짓
을 설교하던 짓은 이제 끝이다. 내가 내 백성을 너희의 마수
에서 건져 낼 것이다. 그제야 너희는 내가 **하나님**인 줄 알게
될 것이다.'"

마음속에 우상을 들여놓은 사람들아

14

1-5 이스라엘의 지도자 몇 사람이 다가와서 내 앞
에 앉았다. **하나님**의 **메시지**가 내게 임했다. "사
람의 아들아, 이 백성은 마음속에 우상을 들여놓았다. 자신

을 파멸시킬 악독을 품고 산다. 그런 자들의 기도에 내가 왜 마음을 써야 하느냐? 그러니 그들에게 말하여라. '주 **하나님**의 **메시지**다. 마음속에 우상을 들여놓고 자신을 파멸시킬 악독을 품고 살면서, 뻔뻔스럽게 예언자를 찾아오는 이스라엘 사람들아, 모두 주목하여라. 잡다한 우상들을 질질 끌며 나오는 그들에게, 나 **하나님**이 직접 나서서 대답하겠다. 나는 이스라엘 족속의 마음, 나를 떠나 우상들에게 간 그들의 마음을 손볼 것이다.'
6-8 그러므로, 이스라엘 족속에게 말하여라. '주 **하나님**께서 말씀하신다. 회개하여라! 너희 우상들에게서 돌아서라. 역겹기 그지없는 짓들에서 돌아서라. 이스라엘에 사는 거류민과 이스라엘 족속 모두에게—내게 등을 돌리고 우상을 품고 사는 자들과, 자신을 파멸시킬 악독을 삶의 중심에 들여놓고 살면서 뻔뻔스럽게도 예언자를 찾아와 내게 묻는 모든 자들에게—나 **하나님**이 직접 나서서 대답하겠다. 나는 그들을 정면으로 대적하여 본때를 보여주고 그들을 없애 버릴 것이다. 그제야 너희는 내가 **하나님**인 줄 알게 될 것이다.
9-11 만일 어떤 예언자가 우상숭배자들에게 현혹되어 그들이 듣고 싶어 하는 거짓을 말하면, 그로 인해 나 **하나님**이 비난을 받게 된다. 그는 그 책임을 면치 못할 것이다. 나는 그의 목덜미를 잡아 밖으로 내칠 것이다. 그 예언자나 그를 찾아가는 자들이나, 모두 유죄 판결을 받을 것이다. 이는 이스라엘 족속이 다시는 내 길에서 벗어나서 헤매거나 반역죄로

자신을 더럽히지 않고, 내가 그들의 하나님이듯 그들이 나의 백성이 되게 하려는 것이다. 주 **하나님**의 포고다.'"

12-14 **하나님**의 **메시지**가 내게 임했다. "사람의 아들아, 어떤
나라가 나를 반역하고 죄를 지어, 내가 손을 펴서 기근으로
그 나라의 양식이 동나게 하고 사람과 짐승 모두를 쓸어버린
다고 하자. 그럴 경우에, 노아와 다니엘과 욥이—그 훌륭한
세 사람이—살아 있다고 해도, 그들은 그 나라에 사는 자들
에게 아무 도움이 되지 못할 것이다. 그 세 사람의 의는 그들
셋의 목숨만 구할 수 있을 뿐이다." 주 **하나님**의 포고다.
15-16 "내가 들짐승을 풀어 그 나라를 활보하게 만들어, 모든
사람이 떠나고 나라 전체가 황무지가 되어 아무도 거기 들
어가지 못한다고 하자. 살아 있는 나 하나님을 두고 맹세하
는데, 그때 그 세 사람이 살아 있다고 해도, 오직 그들 셋만
구원받을 것이다. 그들의 아들과 딸들도 구원받지 못하고,
나라는 황무지가 될 것이다.
17-18 내가 그 나라에 전쟁을 일으켜 '살육 개시!' 하고 명령을
내려서 사람과 짐승을 다 죽게 만든다고 하자. 살아 있는 나
하나님을 두고 맹세하는데, 그때 그 세 사람이 살아 있다고
해도, 오직 그들 셋만 구원받을 뿐 아들과 딸들은 구원받지
못할 것이다.
19-20 내가 그 나라에 몹쓸 전염병을 보내고 살인적인 진노를

쏟아서 사람과 짐승을 다 죽게 만든다고 하자. 살아 있는 나
하나님을 두고 맹세하는데, 그때 노아와 다니엘과 욥이 살아
있다고 해도, 아들이나 딸 하나라도 더 구원받지 못할 것이
다. 오직 그들 셋만 자신의 의로 말미암아 구원받을 것이다."
21-23 주 **하나님**께서 말씀하신다. "이것은 그림이다. 내가 네
가지 재앙—전쟁과 기근과 들짐승과 전염병—으로 예루살
렘을 심판하여 사람과 짐승을 모두 죽일 때 일어날 일이다.
그러나 보아라! 믿기지 않겠지만, 살아남을 자들이 있을 것
이다. 그들의 아들과 딸들 가운데 얼마가 구원을 받을 것이
다. 그들이 살아서 너희에게 오고 너희가 그들의 구원을 목
도하게 될 때에, 너희는 구원받은 그들이 어떻게 살았는지
직접 확인하게 될 것이다. 그러면 너희는 내가 예루살렘에
내린 혹독한 심판이 진실로 마땅한 것이요, 반드시 필요한
일이었음을 알게 될 것이다. 그렇다. 그들이 어떻게 살아왔
는지 자세히 알게 되면, 너희 마음도 풀릴 것이다. 너희는
내가 예루살렘에서 행한 모든 일이 공연한 일이 아니었음을
알게 될 것이다." 주 **하나님**의 포고다.

땔감으로나 쓰일 예루살렘

15 1-3 **하나님**의 **메시지**가 내게 임했다. "사람의 아
들아, 포도나무와 그 가지가 숲에 널린 다른 나
무보다 무엇이 나으냐? 포도나무로 무엇을 만들 수 있겠느
냐? 물건을 걸어 둘 못 하나라도 만들 수 있겠느냐?

4 기껏해야 땔감으로나 쓰일 뿐이다. 불에 던져 넣었다가 다
시 꺼낸 그 나무 쪼가리를 보아라. 양쪽 끝은 타서 없어지
고, 가운데 부분은 시커멓게 그을렸다. 그것을 무엇에 쓰겠
느냐?
5 아무 쓸데가 없다. 성했을 때도 쓸모가 없었는데, 반쯤 타
버린 것을 대체 무엇에 쓰겠느냐?
6-8 그러므로 주 **하나님**의 **메시지**다. 나는 숲의 나무 중에서
포도나무를 골라 땔감으로 쓰는 것처럼 예루살렘 주민을 다
룰 것이다. 내가 그들을 철천지원수로 여길 것이다. 전에 한
번 불에 그을렸던 그들이지만, 그 불이 다시 한번 그들을 사
를 것이다. 내가 그들을 대적하는 날에, 너희는 내가 **하나
님**인 줄 알게 될 것이다. 내가 이 나라를 황무지로 바꿔 놓
을 것이다. 그들이 내게 반역했기 때문이다." 주 **하나님**의
포고다.

미모에 취해 자만한 예루살렘

16 1-3 **하나님**의 **메시지**가 내게 임했다. "사람의 아
들아, 예루살렘이 벌인 어이없는 행각을 깨우쳐
주어라. 이렇게 말하여라. '예루살렘을 향한 주 **하나님**의 **메
시지**다. 너는 가나안 사람들 사이에서 태어나고 자랐다. 네
아버지는 아모리 사람이고, 네 어머니는 헷 사람이다.
4-5 네가 태어난 날, 아무도 네 탯줄을 잘라 주지 않았고, 아
무도 너를 목욕시켜 주지 않았다. 그날에 아무도 네 몸을 소

금으로 문질러 주지 않았고, 아무도 너를 포대기로 감싸 주
지 않았다. 너를 돌봐 준 사람이 아무도 없었다. 너를 따뜻
이 보살펴 준 사람이 아무도 없었다. 너는 씻지 못한 더러운
모습 그대로 빈터에 버려졌다. 너는 버림받은 신생아였다.
6-7 바로 그때, 내가 그곳을 지나다가 비참하기 그지없는 핏
덩어리인 너를 보았다. 그렇다. 위험하고 불결한 곳에 누워
있는 너를 보며 내가 말했다. "살아라! 들판의 초목처럼 자
라라!" 그러자 나의 말대로, 너는 자랐다. 키가 자라고, 가
슴 봉긋하여 긴 머리 휘날리는 성숙한 여인이 되었다. 그러
나 너는 여전히 벌거벗은 채로 있었다.
8-14 내가 다시 지나다가 너를 보니, 너는 이제 사랑할 나이,
연인을 만날 나이가 되었다. 나는 너를 거두어 보살피고 옷
을 입혀 주었다. 너를 보호해 주었다. 네게 사랑을 약속하고
너와 혼인 언약을 맺었다. 나 주 **하나님**이 네게 서약했다.
너는 내 것이 되었다. 내가 너를 목욕시켜 네 몸의 해묵은
핏자국을 씻겨 주고, 향기로운 기름을 발라 주었다. 네게 화
려한 가운을 입히고 발에는 가죽신을 신겼다. 네게 모시옷
과 값비싼 옷감으로 만든 최고급 옷을 입혀 주었다. 나는 너
를 보석으로 아름답게 꾸몄다. 네 손목에 팔찌를 끼워 주고,
목걸이와 취옥 반지와 청보석 귀걸이와 다이아몬드 관으로
장식했다. 너는 모든 진귀하고 아름다운 것들을 받아 누렸
다. 우아한 옷을 걸치고 꿀과 기름이 곁들여진 산해진미를
즐겼다. 너는 정말이지 대단했다. 너는 여왕이었다! 세계에

이름을 알린 너는 내 장신구로 단장한 완벽한 미인, 전설적
인 미인이 되었다. 주 **하나님**의 포고다.
15-16 그러나 너는 네 미모에 취해 자만해지면서, 결국 길거
리의 아무 남자나 붙들고 침실로 가는, 흔해 빠진 창녀가 되
었다. 너는 네 좋은 옷들로 장막을 만들고, 그곳에서 몸을
팔았다. 결단코 있어서는 안될 일이었다.'"

병든 영혼아!

17-19 "'너는 내가 준 진귀한 보석과 금과 은을 가져다가 네
창녀집을 꾸밀 외설 조각상을 만들었다. 최고급 비단과 무
명으로 네 침대를 장식하고, 거기에 나의 향유를 바르고 향
을 뿌렸다. 너는 내가 마련해 준 산해진미를—허브와 양념
을 곁들인 신선한 빵과 과일을—가져다가 네 창녀집의 별
식으로 내놓았다. 네가 그렇게 했다. 주 **하나님**의 말이다.
20-21 너는 네가 낳은 아들딸들, 나의 자녀인 그 아이들을 죽
여 우상에게 제물로 바쳤다. 창녀가 된 것만으로는 충분치
않았더냐? 너는 살인까지 저질렀다. 나의 자녀들을 죽여 우
상에게 제물로 바쳤다.
22 입에 담을 수조차 없는 역겨운 짓과 창녀짓을 벌여 온 그
세월 동안, 너는 단 한 번도 네 유아기 때를 돌아본 적이 없
었다. 벌거벗은 핏덩이 적 시절을 기억하지 않았다.
23-24 이 모든 악행으로도 모자라서, 너는 성읍 광장마다 보
란 듯이 창녀집을 세웠다. 화가 임하리라! 네게 화가 있으리

라. 주 하나님의 말이다! 너는 붐비는 교차로마다 보란 듯이 창녀집을 차렸고, 지나가는 아무에게나 두 다리를 벌려 음란한 음부를 보였다.

25-27 급기야 너는 국제적으로 창녀짓을 했다. 이집트 사람들과 간통하고, 그들을 찾아다니며 광란의 섹스판을 벌였다. 네 방탕의 정도가 심해질수록, 나의 진노도 커져 갔다. 결국 나는 일어나 네 지경을 축소하고 너를 적들에게 넘겨주어 물어 뜯기게 했다. 너는 아느냐? 네 방탕한 생활은 블레셋 여자들이 보고 경악할 정도였다.

28-29 너는 만족을 모르는 음욕 때문에 앗시리아 사람들과도 간통했다. 그러나 여전히 만족할 줄 몰랐다. 너는 바빌론 사람들, 그 장사치 나라와도 간통했지만, 여전히 만족할 줄 몰랐다.

30-31 병든 영혼아! 이런 짓들을 벌인 너, 가히 창녀 중의 창녀다! 붐비는 교차로마다 보란 듯이 창녀집을 짓고, 동네마다 창녀촌을 세웠다. 그런데 너는 보통 창녀들과 달리 화대를 받지 않았다.

32-34 바람난 여자들은 보통 정부(情夫)에게 선물을 받는다. 남자가 창녀에게 화대를 지불하는 것이 일반적이다. 그런데 너는 오히려 정부에게 돈을 건넨다! 너는 사방에서 남자들을 돈 주고 사서 네 침실로 데려온다! 섹스의 대가로 돈을 받는 보통 창녀들과 정반대다. 그들의 호의에 감사하며 돈을 지불한다! 너는 매춘 일마저 변질시켜 놓았다!

35-38 그러므로, 창녀야, **하나님**의 **메시지**를 잘 들어라. 나 주 **하나님**이 말한다. 문란하기 이를 데 없는 너는 아무 앞에서나 옷을 벗어 네 치부를 자랑하듯 드러내고, 음란한 우상들을 숭배하며, 아이들을 죽여 그것들에게 바쳤다. 그러므로 내가 네 정부들을 모두 불러 모으리라. 네가 쾌락을 위해 이용했던 모든 자들, 네가 좋아했던 자들과 네가 혐오했던 자들을 다 모을 것이다. 내가 그들을 법정에 모아 구경꾼들처럼 너를 둘러싸게 할 것이다. 그리고 벌건 대낮에, 그들 보는 앞에서 내가 너를 발가벗길 것이다. 그러면 그들이 네 진상을 보게 되리라. 나는 간통죄와 살인죄를 물어 네게 벌을 선고할 것이다. 너에게 내 진노의 맛을 보여줄 것이다!
39-41 내가 네 정부들을 다 모으고 그들에게 너를 넘겨줄 것이다. 그들이 네 뻔뻔스런 창녀집과 음란한 산당들을 다 허물어 버릴 것이다. 네 옷을 찢고 네 보석을 빼앗아 너를 발가벗길 것이다. 그러고는 군중을 불러 모을 것이다. 모인 군중이 네게 돌을 던지며 너를 칼로 난도질할 것이다. 그들이 네 집을 불태울 것이다. 모든 여자들이 지켜보는 앞에서 엄중한 심판이 있으리라!
41-42 내가 너의 창녀짓을 완전히 끝장낼 것이다. 돈을 주고 남자들을 침실로 끌어들이는 일은 더 이상 할 수 없다! 그제야 나의 진노가 풀리고 질투가 가라앉을 것이다.
43 네가 어렸을 적 일을 기억하지 않고 이런 짓들로 나를 노하게 했으니, 그 방종의 대가를 톡톡히 치르게 할 것이다.

역겨운 짓에 방탕까지 더해졌으니, 네가 치러야 할 값이 얼
마나 크겠느냐?
44-45 속담을 즐겨 사용하는 자라면 "그 어머니에 그 딸"이라
고 말할 것이다. 너는 남편과 자식들에게 싫증 내던 네 어머
니의 딸이다. 또 너는 남편과 자식들에게 싫증 내던 네 자매
중 하나다. 네 어머니는 헷 사람이며, 아버지는 아모리 사람
이다.
46-48 네 언니는 사마리아다. 그녀는 딸들과 함께 네 북쪽에
살았다. 네 동생은 소돔이며, 딸들과 네 남쪽에 살았다. 너
도 그들과 똑같이 살지 않았느냐? 그들처럼 차마 입에 담을
수 없는 역겨운 짓들을 벌이지 않았느냐? 오히려, 너는 그
들을 따라잡고 추월했다! 살아 있는 나 하나님을 두고 맹세
하며 말한다! 주 **하나님**의 포고다. 너와 네 딸들이 한 짓들
에 비하면 네 동생 소돔과 그 딸들의 소행은 새 발의 피다.
49-50 네 동생 소돔은 자기 딸들과 함께 온갖 사치를 부리며
살았다. 오만했고, 탐욕스러웠으며, 게을렀다. 그들은 압제
받는 자와 가난한 이들을 돕지 않았다. 거들먹거렸고 추잡
했다. 그들이 결국 어떻게 되었는지 너는 잘 알 것이다. 내
가 그들을 아주 없애 버렸다.
51-52 그리고 사마리아. 사마리아의 죄는 네 반만큼도 되지 않
는다. 네 역겨운 행위들은 그녀를 훨씬 능가한다. 아니, 네
소행에 비하면 네 두 자매는 선량해 보일 정도다! 정말 그렇
다. 너에 비하면 네 자매들은 실로 성인군자들이다. 네 죄가

얼마나 그들을 능가하는지, 그들이 의인으로 보일 지경이다. 부끄럽지 않느냐? 네가 안고 살아야 할 수치다. 역사에 길이 남을 명성이 아니냐. 네 자매들의 죄를 능가하다니!
53-58 그러나 나는 소돔과 그 딸들, 사마리아와 그 딸들의 운명을 뒤집을 것이다. 그리고—잘 들어라—그들과 더불어 네 운명도 그러할 것이다! 어쨌거나 너는 네 수치를 안고 살아야 할 것이다. 네 수치를 마주하고 받아들임으로, 네 두 자매에게 얼마간 위안을 줄 것이다. 네 자매들, 소돔과 그 딸들과 사마리아와 그 딸들은 옛 모습으로 돌아갈 것이요, 너 역시 그러할 것이다. 네가 거들먹거리면서 오만방자하게 동생 소돔을 깔보았던 시절을 기억하느냐? 그때는 네 악행들이 폭로되기 전이었다. 그러나 이제 네가 멸시의 대상이 되었다. 너는 에돔 여자와 블레셋 여자와 주변 모든 자들에게 경멸을 받는 신세가 되었다. 그러나 너는 이 현실을 직시해야 하고, 네 추악한 과거의 수치를 받아들여야 한다. 주 **하나님**의 포고다.
59-63 주 **하나님**이 말한다. 네가 내 맹세를 하찮게 여기고 나와의 언약을 깨뜨렸으니, 나는 네가 행한 대로 갚아 줄 것이다. 그러나 나는 너와 어렸을 적 맺었던 언약을 기억할 것이며, 너와 영원히 지속될 언약을 맺을 것이다. 너는 후회스러운 네 과거를 기억할 것이며, 네가 너의 두 자매, 언니와 동생을 다시 맞이하게 되는 날, 참으로 참회하게 될 것이다. 내가 그들을 네 딸들로 줄 것이다. 그러나 그들이 네 언약에

참여하게 되는 것은 아니다. 나는 너와 맺은 언약을 굳게 세울 것이고, 그제야 너는 내가 **하나님**인 줄 알게 되리라. 너는 네 과거를 기억하고 그 수치를 마주하겠지만, 내가 너를 위해 속죄를 행하고 네 모든 소행에도 불구하고 모든 것을 바로잡아 줄 것이다. 그날 너는 차마 입을 열지 못할 것이다.'" 주 **하나님**의 포고다.

독수리와 포도나무 비유

17

1-6 **하나님**의 **메시지**가 내게 임했다. "사람의 아들아, 이스라엘 족속을 위해 수수께끼를 하나 내어라. 그들에게 이야기를 들려주어라. '주 **하나님**께서 말씀하신다.

큰 날개와 기다란 깃털을 가진
커다란 독수리 한 마리가,
화려한 빛깔의 날개를 활짝 펴고
레바논에 날아왔다.
독수리는 어느 백향목 꼭대기를 꺾고
그 가장 위쪽 순을 잘라서,
그것을 무역상들의 땅에 가져가
어느 상인들의 도성에 내려놓았다.
그리고 그 땅에서 난 순을 하나 따서,
강둑에 버드나무를 심듯

넉넉한 물가 비옥한 땅에 심었다.
순에 싹이 돋고 가지가 무성해져,
땅에 낮게 퍼지는 포도나무가 되었다.
그 포도나무 가지들이 독수리를 향해 뻗어 올라갔고,
뿌리는 땅속 깊숙이 뻗어 내렸다.
덩굴이 쭉쭉 뻗고
가지는 쑥쑥 자라났다.

7-8 큰 날개와 무성한 깃털을 가진
또 다른 커다란 독수리가 있었다.
그런데 이 포도나무가
멀리 있는 그 독수리로부터
물을 얻으려고,
심겨졌던 땅에서
그를 향해 뿌리를 뻗고,
가지들도 그를 향해 뻗어 갔다.
이 포도나무를 넉넉한 물가 비옥한 땅에 심은 것은,
가지를 내고 열매를 맺어
귀한 포도나무가 되게 하려는 것이었다.

9-10 주 **하나님**이 말한다.
그 포도나무가 과연 잘 자라겠느냐?
그 독수리가 뿌리째 뽑아 버려,

열매는 썩고
가지도 다 시들어
말라 죽은 포도나무가 되지 않겠느냐?
그런 포도나무를 뽑아 버리는 데는
힘이 많이 들지 않고, 손도 많이 필요 없다.
설령 다른 곳으로 옮겨 심는다 한들,
과연 잘 자라겠느냐?
뜨거운 동풍이 불어오면
시들어 버리지 않겠느냐?
심겨진 곳에서 말라 버려,
멀리 날려 가지 않겠느냐?'"

11-12 **하나님의 메시지**가 내게 임했다. "저 반역자 족속에게
말하여라. '알아들었느냐? 이 이야기가 무엇을 뜻하는지 알
겠느냐?'
12-14 그들에게 말하여라. '바빌론 왕이 예루살렘에 와서 왕
과 지도자들을 바빌론으로 끌고 갔다. 그가 왕족 중에 하나
를 데려다 언약을 맺고, 그에게 충성을 맹세하게 했다. 바빌
론 왕은 고위급 인사 전부를 포로로 붙잡아 갔는데, 그것은
이 나라를 무력한—허튼 생각을 할 수 없는—상태로 만들
어, 언약을 지켜야만 살 수 있게 하려는 것이었다.
15 그런데 그가 반역을 했고, 이집트에 사절을 보내 군마와

대군을 청했다. 이 일이 성공할 수 있으리라고 보느냐? 이
렇게 하고도 너희가 무사할 것 같으냐? 언약을 깨뜨리고도
벌을 면할 수 있겠느냐?
16-18 살아 있는 나 하나님을 두고 맹세하는데, 충성서약과
언약을 깨뜨린 왕은 그 나라 바빌론에서 죽을 것이다. 바빌
론이 도성을 포위 공격하고 그 안의 모든 사람을 쳐죽일 때,
바로는 큰 대군을 갖고도 그 왕을 돕기 위해 손가락 하나 까
딱하지 않을 것이다. 이것은 그가 엄숙히 맹세한 바를 어기
고 언약을 깨뜨리면서 이 같은 일을 서슴지 않았기 때문이
다. 그 왕은 절대 무사하지 못할 것이다.
19-21 그러므로, 주 **하나님**이 말한다. 살아 있는 나 하나님을
두고 맹세하는데, 나의 맹세를 업신여기고 나의 언약을 깨
뜨린 그 왕은 대가를 톡톡히 치를 것이다. 내가 추격대를 보
내어 그를 붙잡으리라. 그를 바빌론으로 데려가 재판할 것
이다. 그의 정예병과 나머지 병사들 전부가 전장에서 죽을
것이고, 살아남은 자들은 사방으로 흩어질 것이다. 그제야
너희는 나 **하나님**이 말한 것을 알게 될 것이다.
22-24 주 **하나님**이 말한다. 내가 친히 높다란 백향목 끝에서
어린 가지 하나를 꺾어다가, 높이 솟은 산, 이스라엘의 높은
산에 심을 것이다. 그것이 자라서 가지를 뻗고 열매를 맺어,
장대한 백향목이 될 것이다. 온갖 새들이 거기 깃들어 살게
될 것이다. 그 가지 그늘에 둥지를 틀 것이다. 나 **하나님**이,
높은 나무는 낮추고 낮은 나무는 높이며, 푸른 나무는 시들

게 하고 마른 나무에 푸른 가지가 싹터 나오게 하는 줄, 들
의 모든 나무가 알게 될 것이다. 나 **하나님**이 말했으니, 그
것을 이룰 것이다.'"

각자 걸어온 길대로 심판하리라

18 1-2 나에게 임한 **하나님**의 메시지다. "어찌 된 영
문이냐. 나라에 이런 말이 돌다니.

부모가 덜 익은 사과를 먹더니,
자식들이 배탈이 났다.

3-4 살아 있는 나 하나님을 두고 맹세하는데, 이스라엘에 더
이상 이 말이 돌지 않을 것이다. 남자나 여자, 아이나 부모,
자식 할 것 없이, 모든 영혼은 다 내 것이다. 너희는 너희 자
신의 죄로 죽는 것이지, 다른 사람의 죄로 죽는 것이 아니
다.
5-9 정의롭고 올바르게 사는 의인이 있다고 하자. 그는,

이방 산당에 바쳐진 음식을 먹지 않고
이스라엘의 인기 높은 우상들을 숭배하지 않고
이웃의 배우자를 유혹하지 않고
함부로 성관계를 갖지 않고
누구도 학대하지 않고

담보물로 재산을 늘리지 않고
도적질하지 않고
주리는 이들에게 기꺼이 먹을 것을 주고
헐벗은 이들에게 입을 것 주기를 거절하지 않고
가난한 이들을 착취하지 않고
충동과 탐욕에 따라 살지 않고
사람을 차별하지 않고
나의 율례를 지키고
나의 규례를 높이며, 신실하게 그것을 따른다.
이처럼 올바르게 사는 사람은
참되고 충만한 삶을 살 것이다.
주 **하나님**의 포고다.

10-13 그런데, 이 사람에게 폭력을 휘두르고 살인을 자행하며
부모와 다르게 사는 자식이 있다고 하자. 그는,

이방 산당에 바쳐진 음식을 먹고
이웃의 배우자를 유혹하고
약자를 학대하고
도적질하고
담보물로 재산을 늘리고
우상을 숭배하고
역겨운 짓을 벌이고

가난한 이들을 착취한다.

이런 사람이 살 수 있을 것 같으냐? 천만의 말씀이다! 이런 추잡한 짓을 벌이는 자는 마땅히 죽을 것이다. 자신의 잘못으로 죽을 것이다.

14-17 그런데 이 사람에게도 자식이 있어, 자기 부모의 죄를 보면서 자랐다고 하자. 그런데 그는 부모처럼 살지 않는다. 그는,

이방 산당에 바쳐진 음식을 먹지 않고
이스라엘의 인기 높은 우상들을 숭배하지 않고
이웃의 배우자를 유혹하지 않고
누구도 학대하지 않고
돈을 꾸어 주기를 거절하지 않고
도적질하지 않고
주리는 이들에게 기꺼이 먹을 것을 주고
헐벗은 이들에게 입을 것 주기를 거절하지 않고
충동과 탐욕에 따라 살지 않고
가난한 이들을 착취하지 않는다.
그는 나의 말을 준행한다.
그는 나의 규례를 이행하며, 나의 율례를 따라 산다.

17-18 이런 사람은 그의 부모가 죄를 지었다고 해서 죽지 않
는다. 그는 참되고 복된 삶을 살 것이다. 그러나 그의 부모
는 자기 소행으로 인해 죽을 것이다. 그는,

약자를 압제하고
형제자매에게 강도짓을 하고
공동체에 큰 해를 끼치는 죄를 지었기 때문이다.

19-20 너희는 '부모의 죄값을 자식이 함께 치르는 것이 아닙
니까?' 하고 묻는다만, 무슨 소리냐?
명백하지 않느냐? 그 자식은 공정하고 옳은 일을 했다. 힘써 정당하고 옳은 일을 한 그 자식은, 그로 인해 살 것이다. 바르고 행복하게 살아갈 것이다. 누가 죄를 지으면, 죄지은 그 사람이 죽는다. 자식은 부모의 죄값을 함께 치르지 않으며, 부모 역시 자식의 죄값을 함께 치르지 않는다. 네가 올바른 삶을 살면, 그 공로는 네게 돌아간다. 네가 악한 삶을 살면, 그 죄값 역시 네게 돌아간다.
21-23 그러나 악인이라도 죄짓던 삶에서 돌이켜 나의 율례를 지키고 정의와 공의로 살면, 그는 살 것이다. 참으로 살 것이다. 그는 죽지 않으리라. 그가 저지른 악행의 목록을 내가 삭제해 버릴 것이다. 그는 살 것이다. 생각해 보아라. 내가 악인이 죽는 것을 기뻐하겠느냐? 나의 기쁨은 그들이 돌이켜서, 더 이상 잘못을 저지르지 않고 바르게 사는 것, 참된

삶을 사는 것이 아니겠느냐?
24 반대로, 선하게 살던 사람이 바른 삶을 버리고 악인이 저
지르는 온갖 추하고 역겨운 짓을 따라하는 경우도 마찬가지
다. 이 사람이 살겠느냐? 나는 그가 행한 선행의 목록을 삭
제해 버릴 것이다. 그는 자신의 반역과 그 쌓인 죄로 죽을
것이다.
25-28 이를 두고 너희가 '공정하지 않다! 하나님이 공정하시지
않다!'고 말하느냐?
이스라엘아, 잘 들어라. 내가 공정하지 않다고 보느냐? 공정하지 않은 쪽은 너희다! 선인이라도 선한 삶을 버리고 죄짓기 시작하면, 그는 그로 인해 죽을 것이다. 자기 죄로 죽는 것이다. 마찬가지로, 악인이라도 악한 삶에서 돌이켜 선하고 공명정대하게 살기 시작하면, 그는 자기 생명을 구할 것이다. 지금껏 자신이 저지른 모든 잘못을 직시하고 그것들과 단호히 결별하면, 그는 살 것이다. 참으로 살 것이다. 그는 죽지 않을 것이다.
29 그런데 이스라엘은 계속 '공정하지 않다! 하나님이 공정
하시지 않다'며 징징거린다.
이스라엘아, 나더러 공정하지 않다고 하느냐? 공정하지 않은 쪽은 너희다.
30-32 이스라엘아, 요지는 이것이다. 나는 너희 각 사람이 걸
어온 길대로 심판할 것이다. 그러니 돌이켜라! 반역 행위에
서 돌이켜, 죄로 인해 나락에 떨어지는 일이 없게 하여라.

과거를 청산하여라! 부디 반역을 그쳐라. 마음을 새롭게 하여라! 영을 새롭게 하여라! 이스라엘아, 왜 죽고자 하느냐? 나는 누구의 죽음도 기뻐하지 않는다. 주 **하나님**의 포고다. 과거를 깨끗이 청산하여라! 그리고 살아라!"

애가

19

1-4 이스라엘의 제후들을 위한 애가를 불러라.

네 어머니는,
사자들 중에서도 실로 대단한 암사자였다!
젊은 사자 떼 가운데 몸을 웅크리고 살면서
새끼들을 크게 키웠다.
새끼들 중 하나가 자라서,
사나운 젊은 사자가 되었다.
그가 사냥하는 법을 배워,
사람을 잡아먹었다.
민족들이 경계했고,
덫을 놓아 그를 잡았다.
그들이 그를 갈고리로 꿰어
이집트로 끌고 갔다.

5-9 자신에게 운이 없다고,
새끼가 돌아올 가망이 없다고 생각한 암사자는,

다른 새끼를 골라
힘센 젊은 사자로 키웠다.
그는 다른 사자들과 어울려 먹이를 찾아다니는,
사나운 젊은 사자가 되었다.
그가 사냥하는 법을 배워,
사람을 잡아먹었다.
그는 사람들의 방어망을 뚫고 활보했으며,
그들의 도성을 폐허로 만들었다.
그가 포효하면
온 나라가 겁을 집어먹었다.
민족들이 합세하여 그를 사냥하러 나섰다.
모두가 그 사냥에 동참했다.
그들이 덫을 놓아
그를 포획했다.
그들은 그에게 나무 마구를 채워
바빌론 왕에게 데려갔다.
이제 더는 들리지 않는다.
이스라엘의 평화롭던 산들의 정적을 깨뜨리던 그 포효소리!

10-14 여기 또 다른 이야기가 있다.
네 어머니는 흐르는 강물 옆에 심긴,
포도원의 포도나무 같았다.
물이 넉넉하여

가지는 무성했고, 포도 열매 또한 풍성했다.
가지가 어찌나 튼튼하던지,
깎아서 제왕의 홀로 사용할 만했다.
포도나무는 하늘 높이 쑥쑥 자랐고,
쭉쭉 뻗은 가지들은
멀리서도 보일 정도로 무성했다.
그런데 분노의 손길이 그 나무를 잡고 뽑아
땅바닥에 내동댕이쳤다.
뜨거운 동풍이 불어오니 나무가 오그라지고
열매도 모두 떨어졌다.
튼튼했던 가지들은 다 말라서,
불쏘시개로밖에 쓸 수 없는 것이 되고 말았다.
이제 광야에 꽂힌 나무 막대기,
불모의 땅에 박힌 나무토막에 불과해,
그것은 불을 지필 때나
광야에 모닥불을 피울 때 쓸모 있을 뿐이다.
제왕의 홀로 사용할 만하던 그 튼튼한 가지들,
이제 흔적조차 없어졌다!

(이것이 애가로 불리는 슬픈 노래의 가사다.)

너희가 탐닉하던 것들을 모두 없애라

20 [1] 일곱째 해 다섯째 달 십일에, 이스라엘의 지도
자 몇 사람이 나를 찾아와 **하나님**의 인도를 구했
다. 그들이 내 앞에 앉았다.
2-3 그때 **하나님**의 **메시지**가 내게 임했다. "사람의 아들아,
이스라엘 지도자들과 이야기하고, 그들에게 전하여라. '주
하나님께서 말씀하신다. "너희가 내게 물으려고 왔느냐?
살아 있는 나 하나님을 두고 맹세하는데, 나는 너희가 묻는
것을 허락하지 않겠다. 주 **하나님**의 포고다."'
4-5 사람의 아들아, 오히려 네가 그들에게 책임을 물어야 하
지 않겠느냐? 그들의 조상이 저지른 모든 역겨운 짓을 그들
의 코앞에 들이대라. 그들에게, 주 **하나님**께서 이렇게 말씀
하신다고 전하여라.
5-6 '내가 이스라엘을 택한 날에, 나는 이집트 땅에서 그들에
게 나 자신을 계시했다. 그때 나는 손을 들어 엄숙히 맹세하
며, 야곱 백성에게 말했다. "나는 **하나님**, 곧 너의 하나님이
다." 나의 손을 들어 엄숙히 맹세한 그날에, 나는 그들을 이
집트 땅에서 이끌어 내어 내가 그들을 위해 택한 젖과 꿀이
흐르는 땅, 참으로 보석 같은 땅으로 데려가 주겠다고 약속
했다.
7 그때 나는 그들에게 말했다. "지금까지 너희가 탐닉하던
혐오스런 것들을 모두 없애라. 이집트 우상들로 너희를 더
럽히지 마라. 오직 나만이 **하나님**, 곧 너희의 하나님이다."

8-10 그러나 그들은 내게 반역했고, 도무지 내 말을 들으려
하지 않았다. 그 누구도 혐오스런 것들을 없애지 않았다. 모
두가 제 목숨이나 되는 듯 이집트 우상들을 애지중지했다.
당장에 이집트에서 나의 진노를 그들에게 쏟아부을까 생각
했지만, 나는 마음을 고쳐먹었다. 나는 내 감정이 아니라 내
가 누구인지에 입각해서 행동했다. 이는 내가 그들을 둘러
싼 민족들에게서, 모독이 아니라 공경을 얻고자 함이었다.
그 민족들은 내가 이집트에서 내 백성을 이끌어 내겠다고
약속하면서, 나 자신을 그들에게 계시하는 것을 보았기 때
문이다. 나는 이스라엘을 이집트에서 데리고 나와 사막으로
인도했다.
11-12 나는 그들에게 삶의 규례를 정해 주었고, 내 앞에서 복
된 순종의 삶을 사는 법을 보여주었다. 나는 그들에게 매주
지켜야 할 나의 거룩한 휴식, 나의 안식일을 정해 주었다.
이는 나 **하나님**이 그들을 거룩하게 하는 일에 관심이 있음
을 보여주는, 그들과 나 사이의 징표였다.
13-17 그러나 이스라엘은 광야에서 내게 반역했다. 그들은 나
의 율례를 따르지 않았고, 복된 순종의 삶을 살라고 내가 정
해 준 규례를 무시했다. 그들은 나의 거룩한 안식일도 철저
히 더럽혔다. 나는 당장에 광야에서 그들에게 나의 진노를
쏟아부을까 생각했지만, 마음을 고쳐먹었다. 나는 내 감정
이 아니라 내가 누구인지에 입각해서 행동했다. 이는 내가
그들을 이끌어 내는 것을 본 민족들에게서, 모독이 아니라

공경을 얻고자 함이었다. 그러나 나는 그 광야에서 내 손을 들어 엄숙히 맹세하기를, 내가 그들을 위해 골라 놓은 젖과 꿀이 흐르는 땅, 보석 같은 땅으로 절대 그들을 데려가지 않겠다고 다짐했다. 내가 이렇게 나의 약속을 파기한 것은, 순종의 삶을 살라고 내가 준 규례를 그들이 멸시하고 나의 율례를 따르지 않았으며, 더 나아가 나의 거룩한 안식일을 더럽혔기 때문이다. 그들은 우상을 따라가는 것을 더 좋아했다. 하지만 나는 그들의 행위대로 다 갚지 않았다. 광야에서 그들을 다 쓸어버리지 않았고, 멸절시키지 않았다.
18-20 그 후 나는 광야에서 그들의 자녀들에게 말했다. "너희 부모들처럼 하지 마라. 그들의 행습을 좇지 마라. 너희는 그들의 우상들로 너희를 더럽히지 마라. 내가 바로 **하나님**, 너희의 하나님이다. 나의 율례를 지키고 나의 규례를 따라 살아라. 나는 **하나님** 곧 너희의 하나님이니, 나와 너희 사이의 징표와도 같은 나의 안식일을 거룩한 휴일로 지켜라."
21-22 그러나 그 자녀들도 내게 반역했다. 그들은 나의 율례를 따르지 않았고, 바르고 복된 삶을 살라고 준 나의 규례를 지키지 않았으며, 나의 안식일을 더럽혔다. 나는 당장에 광야에서 그들에게 나의 진노를 쏟아부을까 생각했지만, 마음을 고쳐먹었다. 나는 내 감정이 아니라 내가 누구인지에 입각해서 행동했다. 이는 내가 그들을 이끌어 낸 것을 본 민족들에게서, 모독이 아니라 공경을 얻고자 함이었다.
23-26 그러나 나는 그 광야에서 내 손을 들어 엄숙히 맹세하

기를, 나의 규례를 지키지 않고 나의 율례를 따라 살지 않은 그들을 온 세상에 흩어 버리고 사방으로 쫓아 버리리라 다짐했다. 그들은 나의 안식일을 더럽혔고, 조상이 빠져 살았던 우상들에 여전히 빠져 있었다. 악하게 살기로 작정한 그들이었기에, 나는 그들에게 선을 낳지 못하는 율례와 생명을 낳지 못하는 규례를 주었다. 나는 그들을 내쳤다. 더러운 시궁창에 처박힌 그들은, 맏이를 불살라 제물로 바치는 사악한 일까지 저질렀다. 그 소름끼치는 일 이후에 그들은 내가 **하나님**인 줄 깨달았어야 했다.'

27-29 그러므로, 사람의 아들아, 이스라엘에게 말하여라. 그들에게 **하나님**이 이렇게 말한다고 전하여라. '너희 조상은 그런 짓을 하고도 부족하여 나를 반역하고 모욕하기까지 했다. 내가 일찍이 그들에게 주겠다고 엄숙히 약속한 땅으로 그들을 인도했더니, 그들은 음란한 종교 산당이 서 있는 언덕이나 신전 창녀들이 있는 숲만 보면 그리로 달려갔고, 이교의 온갖 풍습을 받아들였다. 나는 그들에게 말했다. "그래, 너는 어느 언덕을 찾아가느냐?"' (지금도 그런 언덕을 '매춘 언덕'이라 부른다.)

30-31 그러므로, 이스라엘에게 전하여라. '주 **하나님의 메시지**다. 너희는 너희 조상이 걷던 길을 그대로 답습하며 삶을 더럽히고 있다. 그들의 추한 짓을 따라하며 너희도 창녀가 되었다. 너희는 자녀를 불살라 제물로 바치면서—오늘까지도!—너희 우상들처럼 부정한 존재가 되었다.

이스라엘아, 그러니 내가 너희의 묻는 것을 받아 줄 것 같으
냐? 살아 있는 나 하나님을 두고 맹세하는데, 나 주 **하나님**
은 너희가 묻는 것을 허락하지 않을 것이다!
32 너희 은밀한 생각대로 되지는 않을 것이다. 너희는 속으
로 생각하기를, "우리도 다른 민족들처럼 될 것이다. 우리
마음대로 다룰 수 있는 신들을 만들어 예배할 것이다" 한다.
33-35 살아 있는 나 하나님을 두고 맹세한다. 주 **하나님**의 말
이다. 그럴 일은 결단코 없을 것이다! 무시무시한 위력과 폭
풍 진노 중에, 내가 너희를 다스리는 왕으로 등극하리라! 무
시무시한 위력과 폭풍 진노 중에, 내가 너희를 여러 민족에
게서 데리고 나오고, 흩어져 살던 나라들에서 거두어 모을
것이다. 내가 너희를 민족들의 광야로 데려가고 법정으로
끌고 가서, 직접 대면하여 심판할 것이다.
36-38 이집트 광야에서 내가 너희 조상을 대면하여 심판했듯
이, 내가 너희를 대면하여 심판할 것이다. 너희가 도착하면
내가 너희를 샅샅이 조사하고 언약의 끈으로 포박할 것이
다. 반역자와 배신자를 가려낼 것이다. 내가 그들을 포로 상
태에서 벗어나게 하겠지만, 이스라엘로 다시 데려오지는 않
을 것이다.
그제야 너희는 내가 **하나님**인 줄 알게 될 것이다.

39-43 너희 이스라엘 백성들아, 너희를 향한 **하나님의 메시지**
다. 우상들을 섬길 테면, 계속 섬겨 보아라! 그러나 후에 너

희는 생각을 다시 하게 될 것이다. 이교 예물과 우상들로 내 얼굴에 먹칠하던 짓을 그만두게 될 것이다. 나 주 **하나님**이 나의 거룩한 산, 이스라엘의 드높은 산에 서서 너희 이스라엘 온 백성을 향하여, 나를 경배하라고 말할 것이기 때문이다. 내가 두 팔을 활짝 펴고 너희를 받아 줄 것이다. 내가 너희에게 최고의 예물과 헌물을, 거룩한 제사를 요구할 것이다. 무엇보다도 너희가 흩어져 살던 땅과 나라들에서 내가 다시 너희를 데려오는 날에, 나는 너희 자신을 으뜸가는 예물로 받아 줄 것이다. 나는 온 세상이 보는 앞에서, 내가 거룩한 이임을 나타내 보일 것이다. 내가 너희를 이스라엘 땅, 곧 내가 너희 조상에게 주겠다고 엄숙히 손을 들어 약속한 땅으로 다시 들이는 날, 너희는 내가 **하나님**인 줄 알게 될 것이다. 그날 거기서, 너희는 지난 행위와 자신을 더럽히며 살아온 지난 길을 떠올리며 스스로를 혐오하게 될 것이다.
44 그러나 사랑하는 이스라엘아, 나는 나의 감정이 아니라 내가 누구인지에 입각해서 너희의 악한 삶, 너희의 부정한 과거를 처리할 것이다. 그날에, 너희는 내가 **하나님**인 줄 알게 될 것이다. 주 **하나님**의 포고다.'"

45-46 **하나님**의 **메시지**가 내게 임했다. "사람의 아들아, 얼굴을 남쪽으로 돌려라. 남쪽을 향해 **메시지**의 포문을 열어라. 남쪽 황무지 숲을 대적하며 예언하여라.
47-48 남쪽 숲을 향해 말하여라. '**하나님**의 **메시지**를 들어라!

주 **하나님**께서 말씀하신다. 내가 네 안에 불을 놓으리라. 죽
은 나무든 산 나무든, 모든 나무를 태워 버릴 불이다. 누구
도 끄지 못할 불이다. 남쪽부터 북쪽까지, 나라 전역이 숯검
정으로 뒤덮일 것이다. 그 불은 나 **하나님**이 일으켰으며, 결
코 꺼지지 않을 것임을 모두가 알게 될 것이다.'"
49 내가 말했다. "오 **하나님**, 모두 저를 두고 '이야기를 지어
내는 자'라고 합니다."

하나님의 칼

21 1-5 **하나님**의 **메시지**가 내게 임했다. "사람의 아
들아, 이제 얼굴을 예루살렘으로 향하고, 성소
를 향해 **메시지**의 포문을 열어라. 이스라엘 땅을 대적하며
예언하여라. '**하나님**의 **메시지**다. 내가 너를 대적한다. 내
칼을 칼집에서 꺼내어 악인과 의인을 모두 쳐죽일 것이다.
선인이든 악인이든 가리지 않을 것이니, 남쪽에서 북쪽까지
모든 사람이 나의 칼을 받을 것이다! 내가 작정하고 칼을 꺼
내 들었음을 모두가 알게 될 것이다.'
6 그러니 사람의 아들아, 탄식하여라! 괴로워하며 몸을 구
부려라! 사람들 앞에서 소란을 피워라!
7 사람들이 '무엇 때문에 이렇게 탄식하며 난리를 피우는 거
요?' 하고 물으면, 너는 이렇게 말하여라. '곧 전해질 소식
때문이다. 그 소식이 당도하면 모두 질겁해 숨이 막히고, 심
장이 얼어붙고, 무릎이 후들후들 떨릴 것이다. 그 소식이 오

고 있다. 아무도 막을 수 없다. 주 **하나님**의 포고다.'"

8-10 **하나님**의 **메시지**가 내게 임했다. "사람의 아들아, 그들
에게 예언을 전하여라. '주께서 말씀하시기를,

칼이다, 칼!
날카롭게 번쩍이는 칼,
살육을 위해 날을 세우고
번갯빛이 나도록 광을 냈다.

나의 자녀여, 너는 나무 막대기 우상을 숭배하면서
유다의 홀을 멸시했다.

11 그 칼, 쥐고 휘두르라고
광을 낸 칼이다.
살인자에게 주어 휘두르게 하려고
갈고 닦은 칼이다.'

12 사람의 아들아, 비명을 지르며 통곡하여라.
그 칼이 내 백성을 친다!
이스라엘의 제후들과 나의 백성이
그 칼에 맞는다!

가슴을 쥐어뜯어라!
머리칼을 잡아 뜯어라!

13 '시험은 오게 마련이건만,
어찌하여 너는 훈육을 멸시했느냐?
이는 피할 수 없는 시험이다.
주 하나님의 포고다.'

14-17 그러니, 사람의 아들아, 예언하여라!
손뼉을 쳐서, 사람들의 주목을 끌어라.
그 칼이 한 차례, 또 한 차례, 그리고 또 한 차례
그들을 내리칠 것이라고 알려 주어라.
그것은 살육하는 칼,
학살하는 칼,
무자비한 칼,
아무도 피할 수 없는 칼이다.
사람들이 오른쪽과 왼쪽으로 고꾸라지며,
도미노처럼 픽픽 쓰러진다.
내가 도성의 성문마다
도살용 칼을 세워 놓으리라.
그 예리한 칼이
이리 번쩍 저리 번쩍하며
오른쪽에서 베고 왼쪽에서 찌르며,

마구 도륙할 것이다!
그런 다음 내가 손뼉을 쳐,
나의 진노가 풀렸음을 알리리라.
나 **하나님**이 말한다."

18-22 **하나님**의 **메시지**가 내게 임했다. "사람의 아들아, 바빌
론 왕의 칼이 올 두 길을 정해 표를 하여라. 두 길은 같은 장
소에서 출발하게 하여라. 각 길마다 시작 지점에 푯말을 세
워라. 한 푯말에는 암몬 사람들의 랍바로 가는 길이라 적고,
다른 푯말에는 유다와 요새 예루살렘으로 가는 길이라 적어
라. 그 두 길이 갈리는 지점에 바빌론 왕이 서서, 어느 길로
가야 할지 점을 쳐 결정할 것이다. 제비를 뽑거나, 우상 앞
에서 주사위를 던지거나, 염소의 간을 살펴볼 것이다. 그가
오른손을 펴면, 이런 점괘가 나올 것이다. '예루살렘으로 가
라!' 그리하여 그가 출정길에 오를 것이다. 성벽 부수는 무
기를 들고서 살기등등한 함성을 지를 것이다. 공격용 축대
를 쌓고 성문을 때려 부술 것이다.
23 맹세하던 유다 지도자들에게는 이것이 거짓 점괘로 보이
겠지만, 바빌론 왕이 와서 그들의 죄를 상기시키고 그들을
붙잡아 갈 것이다.
24 그러므로 주 **하나님**이 말한다. '너희 죄가 만천하에 공개
되고 죄상이 낱낱이 드러난 이상, 너희는 붙잡혀 가고야 말

것이다.
25-27 시드기야야, 이스라엘의 극악무도한 왕아, 시간이 다
되었다. 이제 죄값을 치를 때다. **하나님**이 말한다. 네 머리
에서 왕관을 벗어 던져라. 이제, 잔치는 끝났다. 바닥을 기
던 자들이 올라설 것이요, 높은 자리에 앉았던 자들이 바닥
으로 거꾸러질 것이다. 파멸, 파멸, 파멸이다! 내가 전부 파
멸시켜 폐허로 만들 것이다. 그곳은 정당한 권리를 가진 자
가 올 때까지 계속 폐허로 남아 있을 것이다. 그 사람이 오
면, 내가 그곳을 그에게 넘겨줄 것이다.'
28-32 그러나 사람의 아들아, 네가 할 일은 예언하는 것이다.
그들에게 전하여라. '이는 주 **하나님**께서 암몬 사람과 그들
의 비열한 조롱을 대적하며 주시는 **메시지**다.

칼이다!
도살하는 칼이 뽑혔다!
면도날처럼 날카롭고
번갯빛처럼 번쩍거린다.
그 칼에 관해 암몬에 거짓 선전이 나돌고 있으나
죄값을 치르는 날,
그 칼이 암몬 사람의 목을 칠 것이다.
네 칼은 다시 칼집에 넣어라! 내가 너를 네 고향 땅에서,
네가 자란 땅에서 심판하리라.
내가 네게 나의 진노를 쏟아붓고,

뜨거운 분노로 씩씩거리며 네 목을 조일 것이다.
내가 너를, 사람을 능숙하게 고문하는
짐승 같은 자들에게 넘겨주리라.
너는 땔감이 될 것이다.
네 땅은 시체로 뒤덮이고,
너는 흔적조차 없이 사라져, 그대로 잊혀질 것이다.
나 **하나님**이 말한다.'"

피의 도성 예루살렘

22 1-5 **하나님**의 **메시지**가 내게 임했다. "사람의 아
들아, 피비린내 진동하는 저 도성을 심판하려느
냐? 네가 심판하겠느냐? 그렇게 하여라! 그 성읍 사람들이
저지른 역겨운 짓을 그들 코앞에 들이대어라. 그들에게 전
하여라. '주 **하나님**께서 말씀하신다. 뼛속까지 살인자인 도
성아, 너는 매를 벌었다. 우상에 빠진 도성아, 너는 스스로
부정해졌다. 손에 피를 묻히며 죄를 쌓았고, 우상을 만들어
자신을 더럽혔다. 스스로 명을 재촉한 너, 내가 너를 뭇 민
족의 놀림거리, 온 세상의 웃음거리로 만들리라. 먼 나라든
가까운 나라든, 모두가 너를 추악하고 혼란스럽기로 이름난
곳이라 부르며 비웃을 것이다.
6-12 네 지도자들, 이스라엘 제후들은 서로 앞다투어 죄짓는
자들이다. 그리고 너는 부모를 업신여기고 외인을 억압하
며, 고아와 과부를 학대한다. 너는 나의 거룩한 기물을 아무

렇게나 다루며 나의 안식일을 더럽힌다. 네 백성은 거짓말
을 퍼뜨리고 손에 피를 묻히며, 언덕 위 음란한 산당에 떼로
몰려가 간음을 일삼는다. 근친상간이 도처에 널렸다. 남자
는 여자의 준비 여부나 의사와 상관없이 완력으로 성관계를
가진다. 성문화가 거의 무정부상태다. 상대를 가리지 않는
다. 이웃도, 며느리도, 여동생도 범한다. 청부살인이 횡행
하고, 고리대금이 만연하며, 강탈이 다반사다.
너는 나를 잊었다. 주 **하나님**의 포고다.
13-14 자, 보아라! 내가 손뼉을 쳐서, 모두가 네 게걸스러운
탐욕과 짐승 같은 잔악함을 주목하게 했다. 과연 네가 버틸
수 있겠느냐? 내가 너를 손보기 시작하면, 네가 과연 감당
할 수 있겠느냐?
14-16 나 **하나님**이 말하였으니, 내가 끝장내겠다. 내가 너를
사방으로 던져 버리겠다. 온 세상에 흩어 버릴 것이다. 네
추잡한 삶을 끝장낼 것이다. 너는 민족들이 보는 앞에서, 스
스로 오물을 뒤집어쓸 것이다. 그제야 너는 내가 **하나님**인
줄 알게 될 것이다.'"

17-22 **하나님**의 **메시지**가 내게 임했다. "사람의 아들아, 이스
라엘 백성은 내게 찌꺼기다. 용광로 안에서 구리와 주석과
철과 납을 정련하고 남은 쓰레기, 무가치한 찌꺼기 더미다.
그러므로 그들에게 말하여라. '주 **하나님**이 말한다. 무가치
한 찌꺼기가 되어 버린 너희에게 이제 통보한다. 내가 너희

를 예루살렘에 한데 모으리라. 사람들이 은과 구리와 철과 납과 주석을 용광로 안에 모아 놓고 불을 뿜어 녹이듯이, 내가 나의 진노로 너희를 모아 녹일 것이다. 나의 진노의 불을 뿜어 너희를 용광로 안에서 녹여 버릴 것이다. 은이 녹듯 너희가 녹을 것이다. 그제야 비로소, 너희는 나 **하나님**이 나의 진노를 너희에게 퍼부었음을 깨닫게 될 것이다.'"

23-25 **하나님**의 **메시지**가 내게 임했다. "사람의 아들아, 유다에게 말하여라. '너는 나의 진노로 인하여 비 한 방울 내리지 않는 땅이다. 눈이 벌겋게 충혈된 네 지도자들은, 으르렁거리며 달려들어 닥치는 대로 물어뜯고 죽이는 사자 떼와 같다. 강탈을 일삼는 그들이 휩쓸고 간 자리에 무수한 과부들이 남았다.
26-29 네 제사장들은 나의 법을 어기고, 나의 거룩한 기물을 더럽혔다. 그들은 거룩한 것과 속된 것을 구별하지 못한다. 그들은 백성들이 옳고 그름을 구별하지 못하게 만든다. 나의 거룩한 안식일을 업신여기고, 나를 자기들 수준으로 끌어내리며 모독한다. 네 정치인들은 먹이만 있으면 달려들어 물어뜯고 삼키는 이리 떼와 같다. 네 설교자들은 특별한 비전과 계시를 받은 체하며 정치인들의 뒤치다꺼리를 도맡는다. **하나님**이 말하지 않았는데도, "주 **하나님**께서 이렇게 말씀하셨다" 하며 설교한다. 강탈이 횡행하고 강도짓이 만연하며, 가난하고 빈궁한 이들이 학대를 당하며, 외국인들

이 호소도 못한 채 부당하게 쫓겨난다.'
30-31 나는 이 모든 일에 맞서서 도성의 성벽을 보수하고 무너진 성벽의 틈에 서서, 내가 이 땅을 멸망시키지 못하게 막아 줄 누군가를 찾았다. 그러나 그런 자는 없었다. 그런 자를 한 사람도 찾지 못했다. 그러므로 나는 그들에게 나의 진노를 쏟아부을 것이다. 나의 뜨거운 분노로 그들을 바싹 태우고, 그들이 저지른 그 모든 행위의 대가를 치르게 할 것이다. 주 **하나님**의 포고다."

욕정에 사로잡힌 두 음녀

23 1-4 **하나님**의 **메시지**가 내게 임했다. "사람의 아들아, 두 여인이 있었다. 그들은 한 어머니에게서 났다. 그들은 어려서부터 이집트에서 창녀일을 했다. 사내들이 그들의 유방을 애무하고, 그들의 어린 젖가슴을 만지작거렸다. 그들의 이름은 언니가 오홀라요, 동생은 오홀리바다. 그들은 내 딸들이었고, 각기 아들딸을 낳았다.
오홀라는 사마리아고, 오홀리바는 예루살렘이다.
5-8 오홀라는 내 슬하에 있을 때부터 창녀짓을 하고 다녔다. 그녀는 앗시리아 사람들에게 욕정을 품었다. 푸른 제복을 말쑥이 차려입은 지휘관들, 특사와 총독들, 멋진 말을 탄 젊은 미남자들에게 말이다. 오홀라의 욕정은 제어불능이었다. 그녀는 앗시리아 엘리트들과 음행하고, 그들이 섬기는 우상으로 자신을 더럽혔다. 오홀라는 지칠 줄 몰랐다. 어렸을 적

이집트에서 시작한 창녀짓을 줄기차게 계속하며 사내들과
잠자리를 같이했고, 사내들은 그녀의 젖가슴을 가지고 놀며
정욕을 쏟아 냈다.
9-10 그래서 나는 그녀가 그토록 탐하는 앗시리아 사람들에
게 그녀를 내주었다. 그랬더니 그들이 그녀의 옷을 찢어 벗
기고, 그녀의 자식들을 빼앗아 갔다. 그리고 결국 모욕을 주
며 그녀를 죽였다. 이제 그녀는 여자들 사이에서 '수치'라는
이름으로 불린다. 그녀에게 떨어진 역사의 심판이다.
11-18 그녀의 동생 오홀리바는 그 일을 다 지켜보았으면서도,
언니보다 더 심하게 욕정을 좇으며 창녀짓을 일삼았다. 그
녀도 앗시리아 사람들에게 욕정을 품었다. 특사와 총독들,
말쑥한 제복을 입고 멋진 말에 올라탄 지휘관들, 곧 앗시리
아의 엘리트들을 향해 그렇게 했다. 그녀도 언니만큼이나
더러워질 대로 더러워졌다. 두 여자 모두 같은 길을 간 것이
다. 그러나 오홀리바는 언니를 능가했다. 그녀는 허리에 화
려한 띠를 두르고 머리에 멋진 관을 쓴, 바빌론 사람들의 모
습이 새겨진 적색 벽부조를 보더니, 중요한 인물 같은 그 모
습에 반해 욕정을 누르지 못하고 바빌론으로 초대장을 보냈
다. 바빌론 사람들이 한걸음에 달려와서 그녀와 간음하며
안팎으로 더럽혔다. 그들이 그녀를 철저히 더럽힌 뒤에야,
그녀의 마음이 그들에게서 멀어졌다. 오홀리바는 아예 드러
내 놓고 음행을 하며, 치부를 온 세상에 드러내 보였다.
18-21 나는 그녀의 언니에게 그랬던 것처럼 그녀에게도 등을

돌렸다. 그러나 그녀는 개의치 않았다. 그녀는 전보다 더 심하게 창녀짓을 일삼았다. 어린 시절 이집트에서 막 창녀생활을 시작했을 때를 생각하며 더 추잡하고 저속하고 난폭한 남자들—욕정에 사로잡힌 종마들—과 욕정을 불태우고 싶어 했다. 그녀는 이집트에서 남자들이 자기의 어린 젖가슴을 애무하던 시절을 그리워했다.

22-27 '그러므로, 오홀리바야, 주 **하나님**의 **메시지**다. 내가 너의 옛 정부들, 네가 싫증 냈던 그들을 충동질하여 너를 치게 하겠다. 바빌론 사람과 모든 갈대아 사람, 브곳과 소아와 고아 사람, 모든 앗시리아 사람—젊은 미남자들, 특사와 총독들, 엘리트 고관과 유명인사들—이 사방에서 너를 치러 올 것이다. 모두 멋지고 혈기왕성한 말을 타고 올 것이다. 완전무장한 그들이 전차와 병력을 이끌고 북쪽에서 밀고 내려올 것이다. 내가 그들에게 심판의 임무를 맡기겠다. 그들이 자신들의 법에 따라 너를 처단할 것이다. 그들이 맹렬한 공격을 퍼부을 때 나도 가차 없이 너를 대적할 것이다. 그들은 네 사지를 절단하고, 네 귀와 코를 잘라 내고, 무차별적으로 학살할 것이다. 그들이 네 아들딸을 종으로 붙잡아 가고 남은 자들을 불태울 것이다. 네 옷을 찢어 벗기고, 네 장신구들을 빼앗아 갈 것이다. 나는 네 음란한 생활, 이집트에서 시작한 창녀생활에 종지부를 찍을 것이다. 너는 더 이상 창녀짓을 꿈꾸지 않고, 더는 이집트 생활을 추억하지 않을 것이다.

28-30 주 **하나님**의 메시지다. 나는 너를 네가 증오하는 자들
에게, 네가 퇴짜 놓은 자들에게 넘겨줄 것이다. 그들이 너를
증오하여 너를 발가벗기고, 음행하던 네 몸뚱이를 백주 대
낮에 공개적으로 전시할 것이다. 너의 음란한 짓이 만방에
폭로되리라. 네 욕정이 너를 이 지경으로 이끌었다. 너는 이
방 민족들과 바람을 피웠고, 그들이 섬기는 우상으로 스스
로를 더럽혔다.
31-34 너는 네 언니를 그대로 따라했으니, 네 언니가 마셨던
잔도 받아야 할 것이다.

이는 주 **하나님**의 메시지다.

너는 네 언니의 잔을 마시게 되리라.
협곡처럼 깊고 대양처럼 넓은 그 잔을
남김없이 비우고,
따돌림과 조롱을 당할 것이다.
너는 취해 비틀거리다 자빠질 것이다.
네가 눈물 흘리며 마시게 될 거대한 그 공포의 잔은,
네 언니 사마리아가 마신 잔이다.
너는 그 잔을 깨끗이 비우고,
산산조각 내어, 조각까지 씹어 먹으리라.
그리고 마침내 네 젖가슴을 쥐어뜯으리라.
내가 말했다.

주 **하나님**의 포고다.

35 그러므로 주 **하나님**이 말한다. 네가 나를 아주 잊고서 등
뒤로 밀쳐놓았으니, 이제 너는 네 행위의 대가를 치러야 한
다. 음란에 빠져 창녀짓을 저지른 값을 치러야 한다.'"

36-39 그때 **하나님**께서 내게 말씀하셨다. "사람의 아들아, 오
홀라와 오홀리바를 심판하지 않겠느냐? 간음에서 살인에
이르기까지, 그들이 지금껏 저지른 모든 역겨운 짓을 그들
앞에 들이대어라. 그들은 우상과 간통하고, 내 자녀인 그들
의 아들딸을 제물로 잡아 우상의 상에 올리기까지 했다! 거
기에 더하여, 그들은 나의 거룩한 성소를 더럽히고 나의 거
룩한 안식일을 범했다. 제 자식을 우상에게 제물로 바치던
날, 그들은 나의 성소에 침범해 들어와 그곳을 더럽혔다. 그
것이 바로 그들이 한 짓이다. 나의 집에서!
40-42 그뿐 아니라, 그들은 먼 곳까지 특사를 보내 사내들을
초청했다. 두 자매는 좋다고 달려온 그 사내들을 맞으려고,
몸을 씻고 화장하고 야한 속옷을 입었다. 그들은 향과 기름
으로—나의 향과 기름으로—단장한 호화로운 침대에 몸을
기대고 누웠다! 술 취한 어중이떠중이들이 몰려와서, 다투
어 가며 두 자매의 팔에 팔찌를 끼우고 머리에 관을 씌웠다.
43-44 내가 '그 두 자매는 이제 퇴물이다!' 하고 말해 주어도,
그들은 막무가내였다. 창녀를 찾아 헤매는 자들처럼, 밤낮

을 가리지 않고 두 자매의 문을 두드렸다. 그들은 그렇게 오
홀라와 오홀리바, 그 한물간 창녀들을 이용했다.
45 의로운 자들이 그들에게 심판을 선언하고, 간음죄와 살인
죄를 물어 실형을 선고할 것이다. 그렇다. 간음과 살인이 그
들이 평생 해온 짓이다.
46-47 **하나님**이 말한다. 폭도를 모아 그들을 덮치게 하여라.
공포와 약탈이 일어나리라! 폭도가 그들을 돌로 치고 난도질
하게 하여라. 그들의 아들딸들을 다 죽이고, 집을 불태워라!
48-49 내가 이 나라에서 음란을 끝장내고, 모든 여자들이 너
희를 보고 경각심을 갖게 할 것이다. 욕정에 사로잡힌 너,
그 값을 치를 것이다. 우상과 난잡한 짓을 벌인 너, 그 대가
를 톡톡히 치를 것이다. 그제야 너는 내가 주 **하나님**인 줄
알게 될 것이다."

오물로 뒤범벅된 이스라엘

24 1-5 아홉째 해 열째 달 십일에, **하나님**의 **메시지**
가 내게 임했다. "사람의 아들아, 오늘 날짜를
기록해 두어라. 바로 오늘 예루살렘이 바빌론 왕에게 포위
되었다. 그 반역자 무리에게 이야기를 하나 들려주어라.

'솥을 걸고
물을 가득 부어라.
고깃덩이를 집어넣어라.

최상등급 고기—허리와 가슴부위—로 하여라.
양 떼에서 가장 좋은 놈들을 골라
최상급 뼈를 넣어라.
솥 밑에 장작을 쌓아라.
불을 지펴
국을 펄펄 끓여라.

6 주 **하나님**이 말한다.

살인의 도성이여,
벗겨낼 수 없을 만큼 두껍게
찌끼와 오물이 낀 솥이여, 화가 있으리라!
고기를 한 점 한 점 다 꺼내어 솥을 비워라.
그것들을 누가 물어 가든 신경 쓸 것 없다.

7-8 도성 전체가
살해당한 자들의 피로 물들어 있다.
길거리 돌들마다 피가 흥건하나,
닦아내려는 사람이 없다.
모두가 보는 대로에 흐르는 피,
나의 진노를 불러일으킨다.
나의 보복을 불러들인다.

9-12 그러므로, 주 **하나님**이 말한다.

살인의 도성에 화가 있으리라!
나도 장작을 쌓겠다.
나무를 많이 넣고
불을 지펴서
고기를 푹 삶고, 양념도 곁들인 뒤에 국물은 쏟아 버리고,
뼈들은 태워 버리겠다.
빈 솥을 숯불 위에 올려놓고
놋쇠가 빨갛게 달아오르도록 달구어,
병균을 죽이고
오염물을 모두 태워 버리겠다.
하지만 소용없다. 너무 늦었다.
그러기에는 오물이 너무 두껍다.

13-14 두꺼운 껍질이 되어 버린 오물은 바로 너의 음행이다.
내가 너를 깨끗이 닦아 주려고 했지만, 너는 그것을 거부했
다. 내 진노가 가라앉을 때까지 나는 너를 닦아 주지 않을
것이다. 나 **하나님**이 말했으니, 그대로 이룰 것이다. 지체하
지 않을 것이다. 내 자비는 이제 동이 났다. 내 마음이 바뀔
일은 없을 것이다. 너는 네가 초래한 일을 겪을 것이다. 주
하나님의 포고다.'"

에스겔의 아내가 죽다

15-17 **하나님**의 **메시지**가 내게 임했다. "사람의 아들아, 내가
네게서 삶의 즐거움을 앗아 가련다. 큰 불행이 네게 닥칠 것
이다. 그러나 부디 눈물을 보이지 마라. 슬픔을 속으로 삼켜
라. 사람 앞에서 울지 마라. 평소처럼 옷을 입고 나가서 네
일을 보아라. 통상적인 장례 의식도 치르지 마라."
18 아침에 내가 사람들에게 이 말씀을 전했는데, 그날 저녁
에 내 아내가 죽었다. 다음 날 아침 나는 지시받은 대로 행
했다.
19 사람들이 내게 와서 물었다. "아니, 왜 이렇게 하십니까?
대체, 이 일의 의미가 무엇입니까?"
20-21 그래서 내가 말했다. "**하나님**께서 내게 이렇게 말씀하
셨습니다. '이스라엘 가문에 전하여라. 이는 주 **하나님**의 말
이다. 내가 나의 성소이자 너희의 자랑인 난공불락의 요새
를 더럽힐 것이다. 너희 삶의 즐거움이요 최고 행복인 그곳
을 더럽힐 것이다. 너희가 그곳에 두고 온 자식들 모두가 죽
임을 당할 것이다.
22-24 그때 너희는 에스겔이 한 그대로 하게 될 것이다. 너
희는 통상적인 장례 의식도 치르지 못하고, 평소처럼 옷을
입고 나가서 너희 일을 해야 할 것이다. 눈물도 흘리지 못
한 채, 죄로 병든 너희끼리 탄식소리나 내게 될 것이다. 에
스겔이 너희의 표징이다. 너희는 그가 했던 대로 하게 될
것이다.

이런 일이 일어날 때, 너희는 내가 주 **하나님**인 줄 알게 될 것이다.'

25-27 너 사람의 아들아, 내가 그들의 피난처요 큰 기쁨, 삶의 즐거움이자 최고 행복이던 그 자녀들을 앗아 갈 그날에, 생존자 한 사람이 네게 와서 그 도성에서 벌어진 일을 일러 줄 것이다. 그때 너는 닫혔던 입이 열려 그 생존자와 이야기하게 될 것이다. 네가 그들에게 표징이 될 것이고, 그제야 그들은 내가 **하나님**인 줄 알게 될 것이다."

심판

25

1-5 **하나님**의 **메시지**가 내게 임했다.

"사람의 아들아, 암몬이 있는 쪽으로 얼굴을 돌리고 그 백성을 대적하여 말씀을 전하여라. '주 **하나님**의 **메시지**에 귀 기울여라. 이는 **하나님**의 말씀이다. 나의 성소가 더렵혀지고 유다 땅이 쑥대밭이 되어 이스라엘 백성이 포로로 잡혀갈 때, 너희는 환호성을 올렸다. 그러므로 내가 너를 동방의 민족에게 넘겨주겠다. 그들이 네 땅에 들어와 자기 소유처럼 누비고 다니면서, 네 음식을 모두 먹어 치우고 네 우유를 다 마셔 버릴 것이다. 내가 너의 수도 랍바를 낙타 목장으로, 너의 마을 전부를 가축 우리로 바꾸어 놓을 것이다. 그제야 너희는 내가 **하나님**인 줄 알게 될 것이다.

6-7 주 **하나님**이 말한다. 너는 박수 치고 환호하며 이스라엘을 향해 비열한 경멸을 퍼부었다. 그러므로, 내가 나서서 너를 민족들 앞에 약탈물로 내놓겠다. 누구든지 먼저 오는 자가 너를 차지할 것이다. 내가 민족들의 명단에서 네 이름을 지워 버릴 것이다. 너는 아주 망하고 나서야 내가 **하나님**인 줄 알게 될 것이다.'"

8-11 "주 **하나님**이 말한다. 모압이 말하기를 '봐라, 유다도 별것 아니다'라고 한다. 그러므로, 내가 모압의 옆구리를 뚫어 버릴 것이다. 자랑하던 국경 성읍들, 곧 벳여시못과 바알므온과 기랴다임을 적의 공격에 노출시키겠다. 내가 모압과 암몬을 한 뭉텅이로 엮어 동방의 민족에게 넘겨줄 것이다. 암몬은 영영 사라지고, 모압은 혹독한 벌을 받을 것이다. 그제야 그들은 내가 **하나님**인 줄 알게 될 것이다."

12-14 "주 **하나님**이 말한다. 에돔은 유다 백성에게 지나친 복수심을 품고 앙갚음하는 죄를 지었다. 나 주 **하나님**이 에돔을 대적하여 많은 사람과 짐승들을 죽일 것이다. 내가 그 땅을 초토화시켜, 데만에서 드단까지 시체들이 즐비하게 할 것이다. 내가 내 백성 이스라엘을 들어, 에돔에게 복수할 것이다. 나의 진노를 힘입고 이스라엘이 보복을 행할 때에, 에

돔은 이것이 나의 보복임을 깨닫게 될 것이다. 주 **하나님**의
포고다."

✤

15-17 "주 **하나님**이 말한다. 블레셋 사람들은 지독한 앙심—
오랜 세월 쌓이고 쌓인 원한!—을 품고 유다를 멸망시키려
고 온갖 악랄한 수단을 썼다. 그러므로 나 주 **하나님**이 블레
셋 사람들을 대적해 치고, 그렛 사람을 비롯해 바닷가의 남
은 자들 전부를 베어서 쓰러뜨릴 것이다. 거대한 복수극과
함께 무시무시한 응징이 있을 것이다! 내가 보복을 행하는
날, 그들은 내가 **하나님**인 줄 알게 될 것이다."

두로가 받을 심판

26 1-2 열한째 해 어느 달 첫째 날에, **하나님의 메시
지**가 내게 임했다. "사람의 아들아, 두로가 예루
살렘 소식을 듣고 환호성을 올리며 말했다.

'잘되었다! 길목 상권을 잡고 있던 도성이 박살났다!
이제 그가 하던 사업은 모두 내 차지다.
그가 망했으니,
이제 내가 흥하리라.'

3-6 그러므로, 주 **하나님**이 말한다.

'두로야, 내가 너를 치겠다.
해변에 밀어닥치는 파도처럼,
뭇 민족들이 네게 밀어닥치게 하겠다.
그들이 두로의 성벽을 박살내고,
그 성읍들을 허물어뜨릴 것이다.
내가 그 흙을 다 쓸어 내어
맨바위만 드러나게 할 것이다.
너는 바다 가운데 떠 있는 바위섬이 되어,
그물이나 펴서 말리는 곳이 되리라.
그렇다. 이것이 나의 말이다.' 주 **하나님**의 포고다.
'두로는 아무 민족이나 와서 거저 집어 가는, 약탈물이 될 것이다!
그의 주변 성읍들도 도살을 당하리라.
그제야 그들은 내가 **하나님**인 줄 알게 될 것이다.'

7-14 주 **하나님**이 말한다. 보아라! 내가 북쪽에서 왕 중의 왕인 바빌론 왕 느부갓네살을 데려와, 두로를 치겠다. 그가 전차와 기마와 기병, 엄청난 대군을 이끌고 올 것이다. 그가 네 주변 성읍들을 모조리 처치하고 너를 포위할 것이다. 네 성벽 주위로 축대를 쌓고, 방패로 숲을 이루어 행진해 올 것이다! 네 성벽을 쇠망치로 때려 부수고 철제 무기로 네 탑들을 박살낼 것이다. 지축을 뒤흔드는 말발굽소리와 함께 군마들이 전차를 끌고 성 안으로 쏟아져 들어오면, 너는 그것

들이 일으키는 먼지를 뒤집어쓸 것이다. 지진 같은 군대다! 도성은 충격의 도가니가 되리라! 놀란 말들이 거리로 뛰쳐 나와 이리저리 날뛸 것이다. 네 백성은 도살당하고, 네 거대한 기둥들은 성냥개비처럼 부러져 나뒹굴 것이다. 침략자들이 네 재산을 노략하고 네 물건을 모두 약탈한다! 그들이 네 저택을 때려 부수고, 깨진 석재와 목재를 바닷속으로 던져 버릴 것이다. 너의 잔치, 너의 유명한 파티들은 영영 사라질 것이다. 노래도 사라지고, 악기소리도 사라지리라. 내가 너를 바위뿐인 섬으로 만들어, 그물이나 펴서 말리는 곳이 되게 할 것이다. 네가 다시는 재건되지 못할 것이다. 나 **하나님**의 말이다. 주 **하나님**의 포고다.

15 이는 두로를 향한 주 **하나님**의 **메시지**다. 네가 무너져 내리는 소리에, 네가 다쳐 내는 신음소리에, 네가 학살당하는 광경에, 바다 섬들이 어찌 떨지 않겠느냐?
16-18 해변 전역에서, 왕들이 보좌에서 내려와 왕복과 화려한 옷을 벗어 던지고, 공포를 옷처럼 입은 채 떨 것이다. 땅바닥에 주저앉아, 네 모습을 보고 경악하며 몸을 바르르 떨 것이다. 네 죽음을 두고 애가를 지어 부를 것이다.

'가라앉았구나! 온 바다에 이름을 떨치던 도성이,
바다 밑바닥까지 가라앉았구나!
바다의 패권을 쥐고,

모두를 휘어잡아
벌벌 떨게 만들던
너와 네 백성이었는데.
이제 네 침몰소리에
섬들이 몸을 떨고,
네 추락의 여파로
바다 섬들이 흔들린다.'

19-21 주 **하나님**의 메시지다. '내가 너를 황폐하고 텅 빈 도성
과 유령마을로 만들고, 거대한 심연을 끌어올려 너를 뒤덮
을 그날에, 너를 아주 오래전에 죽은 자들의 무덤으로 내려
보낼 것이다. 너는 그 오래된 폐허 속 무덤에서, 죽은 자들
과 같이 살게 될 것이다. 네가 다시는 산 자들의 땅을 보지
못하리라. 내가 너를 죽음의 공포 속에 밀어 넣고, 그것이
너의 끝이 되게 할 것이다. 사람들이 수색대를 보내 너를 찾
아보아도, 끝내 찾지 못할 것이다. 주 **하나님**의 포고다.'"

두로에 대한 애가

27 1-9 **하나님**의 메시지가 내게 임했다. "너 사람의
아들아, 두로를 두고 크게 애가를 불러라. 바다
의 관문이요, 먼 섬들에 이르기까지 세계를 누볐던 상인 두
로에게 전하여라. '주 **하나님**께서 말씀하신다.

두로야, 너는 뻐긴다,
"나는 완벽한 배다. 위용 있고 아름답다"고.
대양을 주름잡던 너는
정말이지 아름다웠고, 완벽하게 건조된 배였다.
네 선체는
헐몬 산의 로뎀나무로,
네 돛대는
레바논의 백향목으로 만들었다.
네 노는
바산의 튼튼한 상수리나무로,
네 갑판은
키프로스 섬에서 가져온 잣나무에 상아를 박아 만들었다.
네 돛과 기는
화려한 자수가 놓인 이집트산 모시로,
네 자주색 갑판차일 역시
키프로스 섬에서 가져온 천으로 만들었다.
시돈과 아르왓 사람들이 네 노를 저었다.
두로야, 네 선원들은 경험 많은 뱃사람들이었다.
배 안의 목수들은
비블로스 출신의 노련한 뱃사람들이었다.
바다의 모든 배와 선원들이
너와 교역하기 위해 네 주위로 몰려들었다.

10-11 너의 군대는
페르시아, 룻, 붓 출신 군인들로 이루어졌다.
멋진 제복을 입은 정예군이었다.
그들이 네 명성을 만방에 드높였다!
네 도성 치안은
아르왓, 헬렉, 감맛 출신 용병들이 맡았다.
그들이 도성 성벽에 걸어 놓은 멋진 방패들은,
실로 네 아름다움의 정점이었다.

12 다시스는 네 많은 재물을 보고서 너와 거래했다. 그들은
은과 철과 주석과 납을 주고 네 상품들을 가져갔다.
13 그리스와 두발과 메섹도 너와 거래했다. 그들은 종과 청
동을 주고 네 상품들을 가져갔다.
14 벳도갈마도 마필과 군마와 노새를 주고 네 상품들을 가져
갔다.
15 로단 백성도 너와 거래했다. 뭇 섬들도 상아와 흑단을 가
지고 와서 너와 교역했다.
16 에돔도 네 상품들을 보고서 너와 거래했다. 그들은 마노
와 자주색 옷감과 수놓은 천과 가는 모시와 산호와 홍옥을
가지고 와서 너와 교역했다.
17 유다와 이스라엘도 너와 거래했다. 그들은 최고급 밀과
기장과 꿀과 기름과 향유를 주고 네 상품들을 가져갔다.
18 다마스쿠스도 네 창고에 가득한 재화에 반해서, 헬본의

포도주와 자하르의 양털을 가지고 와서 너와 거래했다.
19 우잘 출신 단 사람들과 그리스인들도, 정련한 쇠와 계피
와 향신료를 가지고 와서 너와 거래했다.
20 드단도 안장에 까는 담요를 가지고 와서 너와 거래했다.
21 아라비아와 게달의 모든 베두인 족장들도, 새끼양과 숫양
과 염소를 가지고 와서 너와 교역했다.
22 남 아라비아의 스바와 라아마 출신 무역상들도, 최고급
향신료와 귀금속과 금을 가지고 와서 너와 거래했다.
23-24 앗시리아와 메대 동쪽의 하란과 간네와 에덴도, 우아한
천과 물들인 옷감과 정교한 양탄자를 가지고 와서 네 시장
에서 팔며 너와 교역했다.
25 다시스의 큰 배들이 네 수입품과 수출품을 부지런히 실어
날랐다. 오, 바닷길을 종횡무진하며 막대한 사업을 벌이던
네가 아니던가!

26-32 네 선원들이 힘차게 노를 저어,
너를 큰 바다로 데려간다.
그때 동쪽에서 폭풍이 불어와
바다 한가운데서 네 배를 산산조각 내버렸다.
전부 가라앉는다. 네 귀중한 물품과 상품들,
선원과 승무원들, 배의 목수와 군사들 모두
바다 밑바닥으로 가라앉는다.
대침몰이다.

선원들의 울부짖는 소리가
해안까지 울려 퍼진다.
다들 배를 버린다.
베테랑 선원들은 뭍을 향해 헤엄친다.
침몰하는 너를 보며, 모두가 통곡하여 울부짖는다.
함께 비가를 부른다.
얼굴을 재로 문지르고
머리를 밀고
거친 베옷을 입은 채,
대성통곡한다.
목 놓아 애가를 부른다.
"바다에 두로 같은 자 또 누가 있으랴!"

33-36 상품을 싣고 바다를 종횡무진하던 너는,
뭇 민족에게 만족을 안겨 주었다.
세상 방방곡곡을 다니며 무역을 벌이면서
지상의 왕들을 부자로 만들어 주었다.
그러나 풍파로 파선된 너
바다 밑바닥까지 가라앉았고,
네가 사고팔던 모든 것도
너와 함께 바다 밑바닥까지 가라앉았다.
그 광경에 바닷가 모든 주민이 공포에 떤다.
왕들의 머리털이 곤두서고

그들의 얼굴이 잔뜩 일그러진다!
온 세상의 상인들이
두 손을 들고 혀를 내두른다.
어떻게 이런 끔찍한 일이!
오, 어떻게 이런 일이!'"

돈이 많아지자 거만해졌다

28 1-5 **하나님**의 **메시지**가 내게 임했다. "사람의 아
들아, 두로의 통치자에게 전하여라. '주 **하나님**
께서 말씀하신다.

마음이 교만한 너,
돌아다니면서 말한다. "나는 신이다.
하나님의 보좌에 앉아
온 바다를 지배하노라."
신이라니, 가당치 않다.
너는 사람일 뿐이다.
신이 되려고 애쓴다만,
그저 사람에 지나지 않는다.
보아라. 너는 네 자신이 다니엘보다 명민하다고 여긴다.
풀지 못할 수수께끼가 없다고 생각한다.
너는 총명하여
세계적인 부자가 되었다.

너는 네 창고에
금과 은을 잔뜩 쌓았다.
너는 좋은 머리를 굴려
사업에 성공했고, 떼돈을 벌었다.
그러나 돈이 많아지자 너는 거만해졌다.
콧대가 높아졌다. 어찌나 높아졌는지, 하늘을 찌를 정도다!

6-11 그러므로, 주 **하나님**이 말한다.

신처럼 행동하며
신이 된 것처럼 행세하는 너에게,
내가 분명히 경고한다. 내가 이방 사람과
민족들 중에 가장 악독한 자들을 불러 너를 덮치게 할 것이다.
그들이 칼을 뽑아서
모르는 것이 없다던 너의 명성을 땅에 떨어뜨릴 것이다.
신이라 자처하던
너의 허풍을 까발릴 것이다.
네 스스로 올랐던 상석에서 너를 끌어내려
깊은 바닷속에 처넣을 것이다.
너를 죽이러 온 자들 앞에서도
"무엄하다! 나는 신이다" 하고 주장하겠느냐?
그들에게 너는 그저 인간일 뿐이다.

너는 그 이방 사람들의 손에
개죽음을 당할 것이다.
내가 그렇게 말했기 때문이다.
주 **하나님**의 포고다.'"

11-19 **하나님**의 **메시지**가 내게 임했다. "사람의 아들아, 두로
왕을 위해 크게 애가를 불러라. 그에게 주 **하나님**의 **메시지**
를 전하여라.

너는 전부를 가진 자였다.
너는 하나님의 동산, 에덴에 있었다.
너는 휘황찬란한 옷을 둘렀다.
온갖 보석이 달린 예복이었다.
홍옥수, 감람석, 월장석,
녹주석, 얼룩 마노, 벽옥,
청보석, 터키석, 취옥이
세공한 금테에 매달려 있었다.
네가 창조된 그날,
너를 위해 준비된 예복이었다.
너는 기름부음 받은 그룹이었다.
내가 너를 하나님의 산에 두었다.
너는 불타는 돌들 사이를
위풍당당하게 거닐었다.

너는 창조된 날부터
완벽 그 자체였다. 그런데
이후에 네게 결함이—악이!—발견되었다.
사고파는 일을 많이 하면서
너는 난폭해졌고, 죄를 지었다!
내 눈 밖에 난 너를 내가 하나님의 산에서 내쳤다.
내가 너를, 기름부음 받은 천사—그룹인 너를 밖으로 내쫓아,
더는 불타는 보석들 사이를 거닐지 못하게 했다!
너는 네 아름다움 때문에 거만해졌다.
너는 지혜를,
세상 영예를 얻는 수단으로 전락시켰다.
내가 너를 바닥에 내동댕이치고
왕들이 보는 앞에서 너를 때려눕혀,
네가 뻗음으로 그들의 조롱거리가 되게 했다.
너는 죄를 짓고, 짓고, 또 지으면서
부정한 방식으로 사업을 벌였고,
너의 거룩한 예배 처소를 더럽혔다.
그래서 내가 네 주위와 네 한가운데에 불을 놓았다.
그 불이 너를 살라 버렸다. 내가 너를 잿더미로 만들어 버렸다.
이제 누구라도 너를 볼 때
보이는 것이라고는
바닥에 나뒹구는 재뿐이다.
전에 너를 알았던 자들 모두가

두 손을 들고 혀를 내두른다.
'어떻게 이런 일이!
어떻게 이런 일이!'"

20-23 **하나님의 메시지**가 내게 임했다. "사람의 아들아, 시돈
과 맞서라. 그곳을 대적하여 말씀을 전하여라. '주 **하나님**의
메시지다.

보아라! 시돈아, 내가 너를 대적한다.
내가 네 가운데서 나의 진면목을 드러낼 것이다.'
내가 모든 일을 바로잡고
나의 거룩한 임재를 나타내는 날,
그들은 내가 **하나님**인 줄 알게 될 것이다.
내가 명령을 내려 그곳에 전염병이 나돌게 하고,
거리마다 살인과 폭력이 난무하게 할 것이다.
사방에서 적군이 쳐들어오면,
사람들이 오른쪽, 왼쪽으로 나가떨어지리라.
그제야 그들은 내 말이 빈말이 아님을,
내가 **하나님**인 줄 알게 될 것이다.

24 이스라엘은
그들을 멸시하며 천대하는 자들,

그 가시와 엉겅퀴 같은 이웃들을 더 이상 참고 견딜 필요가
없으리라.
그들도 내가 **하나님**인 줄 알게 될 것이다."

25-26 주 **하나님**께서 말씀하신다. "내가 이스라엘을 흩어져
살던 민족들로부터 모으고, 모든 민족 앞에 나의 거룩을 드
러내 보이는 날에, 그들이 자기 땅, 곧 내가 나의 종 야곱에
게 준 땅에서 살게 될 것이다. 거기서 그들이 안전하게 살
것이다. 집을 짓고 포도밭을 가꾸며 안전하게 살 것이다. 내
가 그들을 멸시하고 천대하던 이웃들에게 심판을 내릴 것이
다. 그제야 그들은 내가 **하나님**인 줄 알게 될 것이다."

이집트가 받을 심판

29 1-6 열째 해 열째 달 십이일에, **하나님의 메시지**
가 내게 임했다. "사람의 아들아, 이집트 왕 바
로와 정면으로 맞서라. 그와 모든 이집트 사람을 대적하여
말씀을 전하여라. 그들에게 말하여라. '주 **하나님**께서 말씀
하신다.

이집트 왕 바로야, 조심하여라.
너, 나일 강에 축 늘어져 어슬렁대며,
"나일 강은 내 것이다.
내가 만들었다"고 떠드는

늙은 용아,
너는 내 원수다.
내가 네 턱을 갈고리로 꿸 것이다.
나일 강의 물고기들이 다 네 비늘에 달라붙게 만들 것이다.
내가 너를 나일 강에서 끌어 올릴 때,
네 비늘에 붙어 있는 물고기들도 같이 따라오리라.
네 비늘에 붙어 있는 나일 강 물고기들도 같이
사막으로 끌고 가겠다.
너는 거기 허허벌판에 내동댕이쳐진 채 내리쬐는 태양 아래
썩어 가며,
들짐승과 공중 나는 새들의 먹이가 될 것이다.
이집트에 사는 모두가
내가 **하나님**인 줄 알게 될 것이다.

6-9 이스라엘에게 너는 갈대 지팡이에 불과했다. 그들이 잡
으면 부서져 손에 상처를 입혔고, 그들이 기대면 부러져 그
들을 나자빠지게 했다. 주 **하나님의 메시지**다. 내가 전쟁으
로 너를 칠 것이다. 사람이든 짐승이든 모두 없애고, 나라를
텅 빈 광야로 만들 것이다. 사람들은 그제야 내가 **하나님**인
줄 알게 될 것이다.
9-11 네가 "나일 강은 내 것이다. 내가 만들었다"고 떠들었으
니, 내가 너와 네 강들을 대적한다. 내가 북쪽으로는 믹돌로
부터 남쪽으로는 수에네와 에티오피아 국경선에 이르기까

지, 이집트 전 지역을 텅 빈 황무지로 바꾸어 놓으리라. 사
람 하나 보이지 않고, 지나다니는 짐승 하나 없을 것이다.
그곳은 사십 년 동안, 텅 빈 사막으로 있을 것이다.
12 내가 이집트를 황무한 땅 중에서도 가장 황무한 땅으로
만들 것이다. 사십 년 동안 그 도성은 황폐한 곳 중에서도
가장 황폐한 곳으로 남을 것이다. 내가 이집트 사람들을 사
방으로 흩어 버리고, 여기저기 포로로 잡혀가게 할 것이다.
13-16 주 **하나님**이 말한다. 그러나 이것이 그의 최후는 아니
다. 사십 년이 지나면, 내가 그 흩어졌던 곳에서 다시 이집
트 사람들을 모을 것이다. 이집트를 회복시킬 것이다. 나는
오래전 그가 시작되었던 곳, 바드로스로 그를 다시 데리고
갈 것이다. 거기서 그는 처음부터 다시 시작할 것이다. 그
러나 계속 바닥을 기기만 할 뿐, 날아 비상하지는 못할 것이
다. 다시는 강대국이 되지 못하고, 다시는 이스라엘이 의지
하고 싶어 할 만한 나라가 되지 못한 채, 이제 이스라엘에게
이집트는 과거의 죄를 기억하게 하는 나라로만 존재할 것이
다. 그제야 이집트는 내가 주 **하나님**인 줄 알게 될 것이다.'"

17-18 스물일곱째 해 첫째 달 첫째 날에, **하나님의 메시지**가
내게 임했다. "사람의 아들아, 바빌론 왕 느부갓네살이 두
로를 치느라 군대의 힘을 다 소진했다. 그들은 뼈가 휘도록
고생했으나 소득이 없었다.

19-20 그러므로, 주 **하나님**이 말한다. '내가 바빌론 왕 느부
갓네살에게 이집트를 내주려 한다. 그가 이집트의 재물을
노략질하고 그곳을 싹쓸이할 것이다. 그 약탈물로 군대에
게 보수를 지급할 것이다. 그는 여러 해를 보수도 없이 나
를 위해 일해 왔다. 내가 그에게 주는 보수는 이집트다.
주 **하나님**의 포고다.
21 그때에 내가 이스라엘에 새 희망을 일으킬 것이다. 해방
의 날이 도래할 것이다! 내가 너 에스겔에게 담대하고 확신
에 찬 말을 주어, 외치게 할 것이다. 그제야 그들은 내가 **하
나님**인 줄 알게 될 것이다.'"

이집트의 거만을 끝장내리라

30 1-5 주 **하나님**께서 내게 말씀하셨다. "사람의 아
들아, 선포하여라. 그들에게 주 **하나님**의 메시
지를 전하여라. 통곡하여라.

'재앙의 날이다!'
때가 되었다!
하나님의 큰 심판 날이 닥쳐왔다.
짙은 먹구름이 몰려온다.
뭇 민족에게 재앙이 임하는 날이다.
이집트에 죽음이 비 오듯 쏟아지리라.
이집트 사람들이 살육되고

재산을 빼앗기며
기둥뿌리까지 뽑혀 나가는 광경을 보면서,
에티오피아는 공포에 휩싸일 것이다.
에티오피아와 붓과 룻과 아라비아와 리비아와
이집트의 오랜 동맹국들 모두가,
이집트와 함께 쓰러질 것이다.

6-8 '나 **하나님**이 말한다.

이집트의 동맹국들이 쓰러지고,
거만하던 이집트의 힘이 꺾일 것이다.
북쪽 믹돌에서부터 남쪽 수에네에 이르기까지
이집트 전역에서 대학살이 벌어질 것이다!
주 **하나님**의 포고다.
이집트는 황폐해질 대로 황폐해지고,
도성들이 다 쑥대밭이 될 것이다.
내가 이집트에 불을 질러 잿더미로 만들고
그 우방국들을 때려눕히는 날,
그제야 그들은 내가 **하나님**인 줄 알게 될 것이다.

9 그 일이 일어나는 날, 내가 배로 사신을 보내어 만사태평
인 에티오피아 사람들에게 경보를 발령할 것이다. 그들이
겁을 집어먹을 것이다. 이집트가 망했다! 심판이 다가온다!

10-12 주 **하나님**이 말한다.

내가 이집트의 거만을 끝장내리라.
바빌론 왕 느부갓네살을 이용해 그렇게 할 것이다.
그와 그의 군대, 잔인하기로 으뜸가는 민족을 이용해
이집트를 짓부술 것이다.
그들이 칼을 휘둘러
이집트 전역을 시체로 뒤덮을 것이다.
내가 나일 강을 말려 버리고
그 땅을 악당들에게 팔아넘길 것이다.
거기 들어갈 외국인을 고용해
온 나라를 결딴내고 거덜 낼 것이다.
나 **하나님**의 말이다.

13-19 주 **하나님**이 말한다.

내가 모든 우상을 박살내리라.
멤피스에 있는 거대한 신상들을 모조리 쓰러뜨릴 것이다.
이집트 왕은 영원히 사라지고,
그 자리에 내가 공포를 앉힐 것이다. 이집트 전체가 공포에
휩싸일 것이다!
내가 바드로스를 쑥대밭으로,
소안을 잿더미로 만들고, 테베에 벌을 내릴 것이다.

이집트의 요새 펠루시움에 나의 진노를 쏟고,
거드름 피우던 테베를 때려눕힐 것이다.
내가 이집트에 불을 지를 것이다.
펠루시움이 고통으로 몸부림치고,
테베가 결딴나며,
멤피스가 유린당하리라.
아웬과 비베셋의 젊은 용사들이 쓰러지고
도성 주민들이 포로로 붙잡혀 갈 것이다.
다바네스가 흑암에 휩싸일 그날,
내가 이집트를 박살내고
그 권세를 꺾어,
오만한 압제를 끝장낼 것이다!
그가 먼지 구름을 피우며 사라질 것이며,
그의 도성 주민들이 포로로 사로잡혀 가리라.
내가 그렇게 벌할 그날에,
그제야 이집트는 내가 **하나님**인 줄 알게 될 것이다.'"

20 열한째 해 첫째 달 칠일에, **하나님**의 **메시지**가 내게 임했다.
21 "사람의 아들아, 내가 이집트 왕 바로의 팔을 부러뜨렸
다. 그런데 보아라! 그 팔은 아직 부러진 채 그대로다. 부목
도 대지 못해 뼈가 붙지 않았고, 그래서 칼을 들 수도 없다.
22-26 그러므로, 주 **하나님**이 말한다. 내가 이집트 왕 바로를

원수로 여겨, 그의 다른 팔마저 부러뜨릴 것이다. 양팔을 모두 분질러 놓을 것이다! 그가 다시는 칼을 휘두르지 못하리라. 내가 이집트 사람들을 온 세상에 흩어 버리겠다. 바빌론 왕의 팔은 강하게 하여 내 칼을 그의 손에 쥐어 주겠지만, 바로의 팔은 부러뜨릴 것이다. 그가 치명상을 입은 사람처럼 신음할 것이다. 바빌론 왕의 팔은 나날이 강해지고, 바로의 팔에서는 힘이 빠져나가리라. 내가 바빌론 왕의 손에 내 칼을 쥐어 주면, 이집트 사람들은 그제야 내가 **하나님**인 줄 알게 될 것이다. 바빌론 왕이 칼을 뽑아 이집트를 향해 휘두를 것이며, 내가 이집트 사람들을 온 세상에 흩을 것이다. 그제야 그들은 내가 **하나님**인 줄 알게 될 것이다."

레바논의 백향목 같았던 이집트

31 1-9 열한째 해 셋째 달 첫째 날에, **하나님**의 **메시**
지가 내게 임했다. "사람의 아들아, 이집트 왕
바로, 허세 부리는 그 늙은이에게 전하여라.

'천하를 호령하는 너,
너는 네 실상이 무엇인지 아느냐?
보아라! 앗시리아는 거목이었다. 레바논의 백향목만큼 거대했고,
아름다운 가지는 서늘한 그늘을 드리웠다.
구름을 뚫을 듯,

하늘을 찌를 듯, 높이 솟은 나무였다.
마실 물이 넘쳤던 그 나무,
태곳적 심연이 그를 높이 키워 주었다.
그 심연이
나무가 심겨진 곳 주위로
강을 두르고,
숲 속 모든 나무에 물줄기가 뻗어 가게 해주었다.
실로 거대했던 그 나무는,
숲 속 다른 모든 나무를 압도했다.
굵고 기다란 가지들이 쭉쭉 뻗어 나갔고,
뿌리는 땅속 깊은 곳까지 파고들어 물을 빨아들였다.
공중 나는 모든 새들이
그 가지에 둥지를 틀고,
모든 들짐승들이
그 가지 밑에 새끼를 낳았다.
강대한 민족들이 다
그 그늘 아래 모여 살았다.
참으로 위풍당당한 나무였다.
그 가지들이 얼마나 멀리까지 뻗었던가!
그 뿌리들은 얼마나 깊은 곳까지 파고들어 물을 빨아들였던가!
하나님의 동산에 있는 백향목도 그것에 견줄 수는 없었다.
그 어떤 소나무도 그것에 비길 수 없었다.

우람한 상수리나무들도 그 옆에서는
키 낮은 관목일 뿐이었다.
하나님의 동산에 있는 어떤 나무도
그처럼 아름답지는 않았다.
내가 그처럼 아름답게 만들었다.
예술품 같은 가지와 잎을 만드니,
에덴의 모든 나무,
하나님의 동산에 있는 모든 나무가 그를 부러워했다.'"

10-13 그러므로, 주 **하나님**께서 말씀하신다. "'그런데 그가 구
름을 뚫고 하늘 높이 솟더니, 자신의 높은 키를 뽐내며 으스
댔다. 나는 그를 세계적으로 이름 높은 한 통치자에게 넘겨
주어, 그 악의 대가를 치르게 했다. 나는 그를 용인할 수 없
었다. 믿을 수 없을 만큼 무자비한 민족들이 그를 사정없이
찍어 쓰러뜨렸다. 부러진 가지들이 골짜기 전역에 흩어졌
고, 잎이 무성한 가지들로 시내와 강이 막혔다. 그늘이 사라
지자, 모두가 떠났다. 그는 이제 쓰러진 통나무에 불과할 뿐
이다. 죽은 통나무에는 새들이나 잠시 앉았다 가거나, 들짐
승이 그 아래에 굴을 파고 살 뿐이다.
14 이것이 거목이라 불리는 민족들이 맞을 최후다. 땅의 나
무들이 심연에서 물을 빨아들이고 자라, 구름을 뚫고 하늘
높이 솟는 일은 더 이상 없을 것이다. 그것들 앞에는 죽음이
예정되어 있다. 흙에서 흙으로 돌아가는 인생처럼, 다시 땅

으로 돌아갈 뿐이다.
15-17 주 **하나님**의 **메시지**다. 그 거목의 장례식 날에, 내가 그
심연을 통곡 속에 빠뜨렸다. 흐르는 강들을 막고, 대양들을
정지시켰으며, 레바논 산을 암흑으로 감싸 버렸다. 숲의 모
든 나무가 혼절해 쓰러졌다. 그 나무가 바닥에 쓰러질 때,
나는 온 세상이 그 충격에 떨게 했다. 그 나무를 지하에 던
져, 이미 죽어 묻힌 다른 나무들과 함께 있게 했다. 에덴의
모든 나무와 물가에 심겨진 레바논의 으뜸 나무들—이미
그 나무와 함께 지하에 내려가 있던 나무들—과, 그 그늘에
서 살았던 모든 자들과 죽임당한 모든 자들이 그것을 보며
위안을 얻었다.
18 에덴의 모든 나무 가운데서 너의 장려함에 비길 만한 것
이 있더냐? 그러나 너는 이제 찍혀 쓰러지고, 에덴의 나무
들과 함께 지하로 떨어질 것이다. 이미 죽어 거기 쌓여 있는
다른 통나무들처럼, 할례 받지 못하고 죽은 다른 자들과 같
이 될 것이다.
이는 허세 부리는 늙은이, 바로를 두고 하는 말이다.
주 **하나님**의 포고다.'"

용과 같았던 이집트의 죽음

32 1-2 열두째 해 열두째 달 첫째 날에, **하나님**의 메
시지가 내게 임했다. "사람의 아들아, 이집트 왕
바로를 두고 애가를 불러라. 그에게 말하여라.

'너는 네 자신을, 만방을 휘젓고 다니는
젊은 사자라고 생각하지만,
너는 코를 씩씩거리며 사방으로 몸을 뒤틀며 다니는,
바닷속의 용 같다.

3-10 주 **하나님**이 말한다.

내가 너를 향해 나의 그물을 던질 참이다.
많은 민족들이 이 일에 동참하리라.
나의 예인망으로 너를 잡아 올릴 것이다.
그러고 나서 너를 빈 들판
땅바닥에다 내동댕이치고,
까마귀와 독수리를 불러
푸짐한 썩은 고기 파티를 벌이게 할 것이다.
내가 세상 전역에서 들짐승을 불러
네 창자를 배불리 먹게 할 것이다.
이 산 저 산에 네 살점을 떨어뜨리고
골짜기마다 네 뼈들을 흩뿌릴 것이다.
온 땅이, 산꼭대기까지
네 피로 흠뻑 젖고,
모든 도랑과 수로에 네 피가 흘러넘칠 것이다.
내가 너를 지워 없애는 날,
하늘에 휘장을 쳐서

별들을 가릴 것이다.
구름으로 해를 뒤덮고
달빛을 꺼 버릴 것이다.
네 위의 하늘 광채도 모두 꺼 버려,
네 땅을 암흑에 빠트릴 것이다.
주 **하나님**의 포고다.
내가 너로 낯설고 먼 나라로 포로로 잡혀가게 하는 날,
내가 온 세상의 사람들을 흔들어 놓을 것이다.
그들이 너를 보고 충격에 빠지고,
왕들이 보고 바들바들 떨리라.
내가 칼을 흔들면,
그들의 몸도 벌벌 떨 것이다.
네가 고꾸라지는 날, 그들은
"나도 저렇게 될 수 있다!"고 생각하며 벌벌 떨 것이다.

11-15 주 **하나님**이 말한다.

바빌론 왕의 칼이
너를 치러 오는 중이다.
내가 용사들의 칼을 이용해
너의 교만을 쓰러뜨리겠다.
가장 잔인한 민족을 이용해
이집트를 바닥에 고꾸라뜨리고,

그 허세와 건방을 박살낼 것이다.
강가에서 풀을 뜯는 가축들을 모조리
내가 쳐죽이리라.
다시는 사람의 발이나 동물의 뿔이
물을 휘저어 흐리게 하는 일이 없을 것이다.
내가 그 샘물과 시냇물을 깨끗게 하고,
그 강을 맑고 유유히 흐르게 할 것이다.
주 **하나님**의 포고다.
내가 이집트를 다시 광야로 돌려놓고
그 풍부한 생산물을 완전히 거덜 내고
거기 사는 모든 자를 쳐죽이면,
그제야 그들이 내가 **하나님**인 줄 알게 될 것이다.'

16 이것은 애가다. 불러라.
뭇 민족의 딸들아, 이 애가를 불러라.
이집트와, 그 거드름의 죽음을 두고 애가를 불러라."
주 **하나님**의 포고다.

17-19 열두째 해 첫째 달 십오일에, **하나님**의 **메시지**가 내게 임했다.

"사람의 아들아, 거드름 피우는 이집트를 보며 한탄하여라.
그를 제 갈 길로 보내라.

이집트와
그의 딸들, 그 오만한 민족들을
지하로 속히 보내라.
죽은 자가 묻혀 있는 나라로 내려보내면서,
말하여라. '너는 네가 높다고, 힘 있다고 생각하느냐?
지하로 꺼져라! 그 부정한 무덤 속 이교도들과 함께 거기 누워 있어라!'

20-21 그는 전쟁터에서 살해된 자들과 함께 지하로 떨어질 것
이다. 칼이 뽑혔다. 저 허세 부리던 자를 끌고 가서 없애라!
지하에 가면, 죽어 묻힌 자들 중에 유명인사와 부하들이 그
들을 반겨 주리라. '이교 무덤에 온 것을 환영하오! 전쟁 희
생자 대열에 합류하시오!'
22-23 그곳에는 앗시리아와 그 무리가 묻혀 있고, 온 나라가
공동묘지를 이루고 있다. 앗시리아의 무덤은 지하에서도 가
장 깊은 곳에 있다. 사방에 무덤을 이루고 있는 그들은 모두
전쟁터에서 살해된 자들로, 한때는 산 자들의 땅에 공포를
일으키던 자들이다.
24-25 교만하기 짝이 없던 엘람이 거기 있다. 공동묘지를 이
루고 있다. 모두 전쟁터에서 살해된 자들로, 죽은 자들과 함
께 이교 무덤에 내던져졌다. 한때는 산 자들의 땅에 공포를
일으키던 자들이지만, 지금은 무덤 속에서 다른 자들과 함
께 자기 수치를 뒤집어쓰고 있다. 엘람은 이제 허세 부리다

가 죽은 자들이 모인 번화가다. 전쟁터에서 도살된 자들의
이교 무덤이 장관을 이루고 있다. 한때 산 자들의 땅에 공포
를 일으키던 그들이지만, 지금은 땅속 깊은 곳에서 다른 자
들과 함께 자기 수치를 뒤집어쓰고 있다. 그들은 전쟁터에
서 칼에 맞아 죽은 자들을 위해 따로 마련된 구역에 있다.
26-27 교만하기 짝이 없던 메섹과 두발이 거기 있다. 할례 받
지 못한 자들이 모인 부정한 구역에서 공동묘지를 이루고
있는데, 전쟁터에서 도살된 자들과 함께 거기 내던져졌다.
산 자들의 땅에 공포를 일으키던 자들에게 주어진 응분의
대가다. 이제 그들은 땅속 깊은 곳에서 다른 자들과 함께 자
기 수치를 뒤집어쓰고 있다. 그들은 칼에 맞아 죽은 자들을
위해 따로 마련된 구역에서, 다른 영웅들과 떨어져 있다. 갑
옷을 갖춰 입고 칼로 머리를 괴고, 방패로 뼈를 가린 모습으
로 무덤에 들어온 고대의 거물 장수들, 산 자들의 땅에 공포
를 퍼뜨리던 그 영웅들과 떨어져 있다.
28 그리고 너 이집트는 다른 모든 이교도들과 함께, 칼에 맞
아 죽은 자들의 구역에 있는 이교 무덤에 내던져질 것이다.
29 에돔이, 그의 왕과 제후들과 함께 거기 있다. 위세를 떨치
던 자였지만, 지하로 내려가는 다른 자들과 함께 이교 무덤
에 내던져졌다.
30 북방의 제후들이 모두 거기에 있다. 시돈 사람들도 거기
에 다 와 있다. 모두가—잔인하고 포악하던 그들이 얼마나
큰 공포를 퍼뜨렸던가!—자기 수치를 들고 지하로 내려와,

전쟁터에서 살해된 자들과 함께 부정한 지역에 내던져졌다.
땅속 깊은 곳으로 내려간 다른 자들과 함께 자기 수치를 뒤
집어쓰고 있다.
31 바로는 그들 모두를 만나게 될 것이다. 허세 부리는 그 늙
은이, 거기서 동무들을 만나고 반가워하리라. 바로와 도살
당한 그의 군대가 그곳에 있을 것이다. 주 **하나님**의 포고다.
32 내가 그를 이용해 산 자들의 땅에 공포를 퍼뜨렸고, 이제
칼에 맞아 죽은 자들과 함께 그를 이교 지역에 내다 버릴 것
이다. 바로와 그가 자랑하던 것들 전부를 던져 버릴 것이다.
주 **하나님**의 포고다."

에스겔을 파수꾼으로 세우시다

33 1-5 **하나님**의 **메시지**가 내게 임했다. "사람의 아
들아, 네 백성에게 전하여라. 그들에게 말하여
라. '내가 이 땅에 전쟁을 일으키려 하고, 백성이 그들 중 한
사람을 골라 파수꾼을 세웠다고 하자. 그 파수꾼이 전쟁이
들이닥치는 것을 보고 나팔을 불어 백성에게 경고해 주었는
데도, 누가 그 소리를 무시하고 있다가 닥쳐온 전쟁에 목숨
을 잃었으면, 이는 그 사람의 잘못이다. 경고를 들었으면서
도 무시했으니, 그 사람의 잘못이다. 만일 그가 듣고 따랐으
면, 그는 목숨을 구했을 것이다.
6 그런데 전쟁이 들이닥치는 것을 보고도 그 파수꾼이 나팔
을 불지 않아 그 전쟁에서 누가 목숨을 잃었다고 하자. 그때

는 경고를 받지 못해 죽은 그 죄인이 흘린 피에 대해, 내가
그 파수꾼에게 책임을 물을 것이다.'
7-9 너 사람의 아들아, 네가 바로 그 파수꾼이다. 내가 너를
이스라엘을 위한 파수꾼으로 세웠다. 너는 내 메시지를 들
을 때 그 즉시 사람들에게 경고하여라. 만일 내가 악인들에
게 '악인이여, 너는 지금 죽음으로 직행하는 중이다!' 하고
말하는데, 네가 목소리를 높여 악한 길에서 돌이키라고 그
들에게 경고하지 않거나 그들이 경고를 듣지 못한 채 자신
의 죄 때문에 죽으면, 나는 그들이 흘린 피에 대해 네게 책
임을 물을 것이다. 그러나 네가 그 악인들에게 악한 길에서
돌이키라고 경고했는데도 그들이 따르지 않으면, 그들은 자
신의 죄 때문에 죽을 것이고 너는 목숨을 보존할 것이다.

10 사람의 아들아, 이스라엘에게 전하여라. 그들에게 말하
여라. '너는 "우리의 반역과 죄악이 우리를 짓누르고 있다.
우리는 기진하여 쓰러질 지경이다. 이 상태로 우리가 어떻
게 살아갈 수 있을까?"라고 말했다.'
11 그들에게 전하여라. '살아 있는 나 하나님을 두고 맹세하
는데, 나는 악인이 죽는 것을 기뻐하지 않는다. 나는 악인이
악한 길에서 돌이켜 살기를 바란다. 너희 삶의 방향을 바꾸
어라! 악한 길을 떠나 그 반대 길로 가거라! 이스라엘아, 어
찌하여 죽으려고 하느냐?'

12-13 사람의 아들아, 아직 더 남았다. 네 백성에게 전하여라.
'의인이라도 반역의 길로 가기로 선택하면 과거의 의가 그
를 구원해 주지 못한다. 악인이라도 반역의 길에서 돌이키
고자 하면 과거의 악이 그를 막지 못할 것이다. 의인이라도
죄의 길을 택해 가면 목숨 부지하기를 기대할 수 없다. 내가
의인들에게 "살 것이다!"라고 말하는 것이 사실이지만, 그
렇더라도 그들이 과거의 선행을 믿고 악행을 저지를 경우,
그 선행은 아무 소용이 없다. 그들은 자기 악한 행실로 인해
죽을 것이다.
14-16 반대로, 내가 악인에게 "너는 악하게 살았으니 이제 죽
을 것이다" 하고 말했어도, 그가 죄를 회개하고 의롭고 바르
게 살기 시작하면—가련한 자들에게 인정을 베풀고, 탈취
한 것들을 돌려주고, 이웃을 해하지 않고 늘 사람을 살리는
길을 찾아 살면—그는 반드시 살 것이다. 그는 죽지 않을
것이다. 그의 죄가 하나도 기록에 남지 않을 것이다. 그는
옳은 일을 행하며 복된 삶을 살 것이다. 반드시 살 것이다.
17-19 네 백성은 "주가 공정하시지 않다"고 말하지만, 공정하
지 않게 행동해 온 쪽은 바로 그들이다. 의인들이 의로운 삶
을 버리고 죄에 빠져들면, 그들은 그로 인해 죽을 것이다.
그러나 악인이라도 악에서 돌이켜 바르고 의롭게 살기 시작
하면, 그는 살 것이다.
20 너희는 여전히 "주가 공정하시지 않다"고 말하고 있다.
이스라엘아, 두고 보아라. 나는 너희 각 사람을 저마다 살아

온 길에 따라 심판할 것이다.'"

[21] 우리가 포로로 잡혀 온 지 열두째 해가 되는 열째 달 오일
에, 예루살렘에서 살아 나온 한 사람이 내게 와서 말했다.
"도성이 함락되었습니다."
[22] 살아 나온 그 사람이 도착하기 전날 저녁에, **하나님**의 손
이 내게 임하여 닫힌 말문을 열어 주셨다. 아침이 되어 그가
도착할 즈음, 나는 전처럼 다시 말을 할 수 있게 되었다.
[23-24] **하나님**의 **메시지**가 내게 임했다. "사람의 아들아, 이스
라엘의 저 폐허더미에 사는 자들이 이렇게 말한다. '아브라
함은 혼자서도 이 땅 전부를 소유했다. 그런데 우리는 이렇
게 다수니, 우리 소유권은 더욱 확실하다.'
[25-26] 그러니 그들에게 전하여라. '주 **하나님**께서 말씀하신
다. 너희는 고기를 피째 먹고, 우상을 숭배하고, 살인을 일
삼는다. 그런데 어떻게 너희가 이 땅의 소유자가 되기를 기
대한단 말이냐? 너희는 칼을 의지하고 역겨운 짓을 벌이며,
무분별하게 아무하고 아무 때나 성관계를 갖는다. 그러고도
너희가 이 땅의 소유자가 되기를 기대한단 말이냐?'
[27-28] 에스겔아, 그들에게 전하여라. '주 **하나님**의 **메시지**다.
살아 있는 나 하나님을 두고 맹세하는데, 폐허에 사는 생존
자들이 모두 살해될 것이다. 들판에 나가 있는 자들도 모두
들짐승에게 잡아먹힐 것이다. 산성과 동굴에 숨어 있는 자

들은 전부 전염병에 걸려 죽을 것이다. 내가 그 나라 전체
를 허허벌판으로 만들어 놓을 것이다. 그 거만과 오만을 아
주 끝장내리라! 이스라엘의 산들은 황폐하고 위험하기 짝
이 없는 곳이 되어, 누구도 감히 그곳을 지나다니지 않을 것
이다.'
29 그들이 저지른 모든 역겨운 짓 때문에 내가 그 나라를 황
폐한 땅으로 만들 그날이 되어서야, 그들은 내가 **하나님**인
줄 알게 될 것이다.
30-32 사람의 아들아, 너는 장안의 화젯거리다. 네 백성은 길
에서나 집 앞에서 사람을 만나면, '어디, **하나님**께서 새로
말씀하신 것이 있나 들어 보러 가자' 한다. 군중이 우르르
몰려와 네 앞에 앉는다. 그들은 네 말을 청해 듣는다. 그러
나 그대로 행하지는 않는다. 네 앞에서는 입에 발린 찬사를
늘어놓지만, 그들의 관심은 오로지 돈과 성공이다. 그들에
게 너는 그저 오락거리다. 악기를 켜며 구슬픈 사랑 타령이
나 하는 딴따라일 뿐이다. 그들은 네 말 듣는 것을 좋아하지
만, 그뿐이다.
33 그러나 이 모든 일이 이루어지면—이제 곧 이루어지리
라!—그들은 저희 가운데 예언자가 있었다는 사실을 깨닫
게 될 것이다."

이스라엘의 목자들

34 1-6 **하나님**의 **메시지**가 내게 임했다. "사람의 아
들아, 이스라엘의 목자들, 그 지도자들을 대적
하여 예언하여라. 그렇다. 예언을 선포하여라! 그 목자들에
게 전하여라. '주 **하나님**께서 말씀하신다. 자기 배나 채우는
너희 이스라엘의 목자들에게 화가 있으리라! 목자는 양 떼
를 먹이는 자들이 아니냐? 그런데 너희는 양젖을 짜 마시
고 양털로 옷을 지어 입고 양고기를 먹으면서, 양 떼는 먹이
지 않는다. 너희는 약한 양들이 튼튼해지도록 돌보지도 않
고, 아픈 양들을 치료하거나 상처 입은 양들을 싸매 주지도
않으며, 딴 길로 들어선 양들을 데려오거나 잃어버린 양들
을 찾아 나서지도 않는다. 너희는 그들을 괴롭히기나 할 뿐
이다. 그들은 지금 목자가 없어 사방에 흩어져 있다. 뿔뿔이
흩어져 이리 떼의 손쉬운 사냥감이 되었다. 양 떼가—내 양
들이!—산과 들에 흩어져 위험천만한 지경에 처해 있다. 나
의 양 떼가 온 세상에 흩어졌는데도, 그들을 돌봐 주는 자
하나 없다!
7-9 그러므로, 목자들아, **하나님**의 **메시지**를 똑똑히 들어라.
살아 있는 나 하나님을 두고 맹세하는데—주 **하나님**의 포
고다—내 양 떼가 이리 떼의 손쉬운 사냥감이 되어 버린 것
은, 너희 목자들이 그들을 내팽개치고 너희 배만 불렸기 때
문이다. **하나님**이 말한다. 똑똑히 들어라.
10 두고 보아라! 내가 목자들을 불시에 덮쳐 내 양 떼를 되찾

을 것이다. 내 양 떼의 목자였던 그들, 이제는 해고다. 제 배 만 불리는 목자는 필요 없다! 내가 그들의 탐욕으로부터 내 양 떼를 구하리라. 더 이상 그들이 내 양 떼를 먹어 치우지 못하게 할 것이다!

11-16 주 **하나님**이 말한다. 이제부터는, 내가 친히 그들의 목
자가 되어 주겠다. 내가 그들을 돌볼 것이다. 뿔뿔이 흩어진
양 떼를 찾아 나서는 목자처럼, 내가 나의 양 떼를 찾아 나
설 것이다. 폭풍우를 만나 흩어진 그들을 내가 구해 낼 것이
다. 다른 민족의 땅과 타국으로 흩어진 그들을 모아서, 다
시 고향 땅으로 데려올 것이다. 내가 이스라엘 산의 시냇가
에서 그들과 그 동족을 먹일 것이다. 그들을 이스라엘의 푸
른 목장으로 인도하여 한가로이 풀을 뜯게 하고, 이스라엘
산들의 기름진 목장에서 꼴을 먹게 할 것이다. 내가 친히 내
양 떼의 목자가 될 것이다. 그들이 마음 편히 쉬게 할 것이
다. 내가 잃어버린 양들을 찾아 나설 것이다. 딴 길로 들어
선 양들을 데려오고 상처 입은 양들을 싸매 주며, 약한 양들
을 튼튼하게 하고 힘센 양들은 잘 감시하여, 그들이 착취당
하지 않게 할 것이다.

17-19 너희, 내 사랑하는 양 떼야, 내가 나설 것이다. 내가 나
서서 양과 양 사이, 숫양과 숫염소 사이의 시비를 가려 줄
것이다. 어째서 너희는 좋은 목장에서 풀을 뜯는 일에 만족
하지 못하고, 그곳을 다 차지하려고 드느냐? 어째서 맑은
시냇물을 마시는 것으로 만족하지 못하고, 발로 물을 휘저

어 흙탕물을 만들어 놓느냐? 어째서 나의 나머지 양들이 너
희가 짓밟아 놓은 풀을 뜯고 너희가 흙탕친 물을 마셔야 한
단 말이냐?
20-22 그러므로, 주 **하나님**이 말한다. 내가 직접 나서서, 살찐
양과 비쩍 마른 양들 사이의 일을 바로잡아 줄 것이다. 너희
는 어깨와 궁둥이로 서로를 밀치고 약한 짐승들을 너희 뿔
로 들이받아, 그들을 언덕 사방으로 흩어 버린다. 내가 와서
내 사랑하는 양 떼를 구하고, 그들이 더 이상 이리저리 채이
지 않게 할 것이다. 내가 나서서 양과 양 사이의 모든 일을
바로잡아 줄 것이다.
23-24 내가 그들 위에 한 목자를 세울 것이다. 바로, 나의 종
다윗이다. 그가 그들을 먹이고, 그들의 목자가 될 것이다.
그리고 나 **하나님**이 그들의 하나님이 되고, 나의 종 다윗이
그들의 왕이 될 것이다. 나 **하나님**의 말이다.
25-27 내가 그들과 평화의 언약을 맺을 것이다. 내가 그 나
라에서 사나운 맹수들을 내쫓아, 내 양 떼가 들판에서 평
안히 지내며 숲 속에서도 안심하고 잠들 수 있게 할 것이
다. 내가 그들과 내 언덕 주변 모든 것에 복이 있게 하리
라. 때를 따라 비를 넉넉히 내려 주리라. 억수같이 복을
퍼부어 주리라! 과수원의 나무들이 과실을 맺고 땅은 소
산을 내며, 그들은 그 땅에서 만족과 평안을 누리며 살리
라. 내가 그들을 묶은 종의 사슬을 끊고 그들을 종으로 부
리던 자들에게서 구해 낼 것이다. 그제야 그들은 내가 **하**

나님인 줄 알게 될 것이다.
28-29 그들이 다시는 다른 민족에게 착취당하거나 맹수들의
먹이가 되지 않으며, 안전과 자유를 누리며 살게 될 것이다.
내가 그들에게 비옥한 동산을 주어, 푸성귀가 풍성하게 자
라게 할 것이다. 더 이상 주린 배를 움켜쥐며 살거나, 다른
민족에게 조롱당하는 일이 없을 것이다.
30-31 그제야 그들은 나 **하나님**이 그들의 하나님임을, 내가
그들과 함께하고 있음을, 그들 이스라엘이 나의 백성임을
분명히 알게 될 것이다. 주 **하나님**의 포고다.

너희는 나의 사랑하는 양 떼,
내 목장의 양 떼, 내 사람들이다.
그리고 나는 너희 하나님이다.
주 **하나님**의 포고다.'"

에돔이 받을 심판

35 1-4 **하나님**의 **메시지**가 내게 임했다. "사람의 아
들아, 세일 산과 맞서라. 그것을 대적하여 예언
을 선포하여라! 그들에게 전하여라. '주 **하나님**께서 말씀
하신다.

세일 산아, 내가 너를 불시에 덮쳐,
내가 나서서 너를 쑥대밭으로 만들어 놓겠다.

네 성읍들을 돌무더기 황무지로 바꾸어 놓겠다.
너는 폐허만 남기고 사라질 것이다.
그제야 너는 내가 **하나님**인 줄 알게 될 것이다.

5-9 내가 이렇게 하는 것은, 네가 이스라엘을 향해 품고 있
는 해묵은 악한 감정 때문이다. 너는 그들이 벌을 받아 바닥
에 쓰러져 있는 모습을 빤히 보면서도, 악랄하게 그들을 공
격했다. 그러므로, 살아 있는 나 하나님을 두고 맹세하는데,
내가 너를 피범벅이 되게 할 것이다. 피를 그렇게 좋아하는
너이니, 피바람이 네 뒤를 쫓을 것이다. 내가 세일 산을 무
너뜨려 돌무더기가 되게 하면, 그곳은 아무도 오가는 사람
이 없는 땅이 될 것이다! 내가 네 산들을 시체로 덮어 버릴
것이다. 살해된 시신들이 네 언덕을 뒤덮고, 네 골짜기와 도
랑들을 가득 채우리라. 내가 너를 폐허로, 네 모든 성읍을
유령마을—사람이 전혀 없는 곳—로 만들 것이며, 그제야
너희는 내가 **하나님**인 줄 알게 될 것이다.
10-13 너는 (**하나님**이 지켜보고 듣고 있는데도) 감히 이렇게 말
했다. "저 두 민족, 저 두 나라는 이제 내 것이다. 내 차지가
될 것이다." 내가 네가 품었던 것과 같은 불타는 증오와 격
노로 너를 칠 것이다. 내가 심판을 내릴 때에, 지금 내 말이
진심이라는 것을 똑똑히 알게 될 것이다. "그들은 길에서 죽
어 뻗은 짐승이다. 우리가 가져다가 먹을 것이다" 했던 네
말을, 이스라엘의 산들을 가리켜 네가 퍼부었던 야비한 폭

언들을, 나 **하나님**이 모두 듣고 있었음을 깨닫게 될 것이다.
너희는 거들먹거리고 허세를 부리면서 겁도 없이 나를 모욕
했다. 내가 다 들었다.
14-15 주 **하나님**의 선고다. 온 땅이 환호하는 중에, 내가 너를
결딴낼 것이다. 이스라엘의 유산이 결딴나는 것을 보면서
어깨춤을 추던 너였다. 이제 너도 똑같은 일을 당하게 될 것
이다. 네가 결딴나고, 세일 산이—그렇다. 에돔 땅 전역이
—결딴날 것이다. 그제야 그들은 내가 **하나님**인 줄 알게 될
것이다!'"

이스라엘이 받을 복

36 1-5 "사람의 아들아, 이스라엘의 산들을 향해 예
언을 선포하여라. '이스라엘의 산들아, **하나님**
의 **메시지**에 귀 기울여라. 주 **하나님**이 말한다. 원수들이 너
희에게 떼로 달려들어 "저 유구한 역사의 언덕들, 이제 다
우리 차지다!" 하면서 좋아했다. 여기, 주 **하나님**의 이름으
로 선포하는 예언이 있다. 민족들이 사방에서 너희를 덮쳐
갈가리 찢어 약탈해 가고, 너희는 조롱과 놀림거리가 되었
다. 그러므로 이스라엘의 산들아, 주 **하나님**의 **메시지**를 잘
들어라. 산과 언덕에게, 도랑과 골짜기에게, 쑥대밭이 되어
버린 땅과 모두 뜯긴 채 주변 민족에게 조롱당하는 텅 빈 성
읍들에게 이르는 말이다. 그러므로, 주 **하나님**이 말한다. 이
제 내가 다른 민족들을 향해 불같은 진노를 터뜨릴 것이다.

그중에서도 특별히, 광포하고 오만하기 이를 데 없이 내 땅
을 빼앗아 차지한 에돔을 향해 그리할 것이다.'
6-7 그러므로 이스라엘 땅을 향해 예언을 선포하여라. 산과
언덕에게, 도랑과 골짜기에게 말씀을 전하여라. '주 **하나님**
의 **메시지**다. 잘 보아라! 잘 들어라! 내가 노했다. 내 마음
이 탄다. 내가 이렇게 말하는 것은, 그동안 너희가 여러 민
족들에게 모욕을 당했기 때문이다. 그러므로, 나 주 **하나님**
이 말한다. 내가 엄숙히 맹세하는데, 다음 차례는 너희 주변
민족들이다. 그들이 모욕을 당할 것이다.
8-12 그러나 너희 이스라엘의 산들아, 너희는 새롭게 꽃피우
리라. 내 백성 이스라엘을 위해 가지를 뻗고 열매를 맺으리
라. 내 백성이 고향으로 돌아오리라! 자, 보아라. 내가 돌아
왔다. 내가 너희 편에 섰다. 사람들이 전처럼 너희를 경작하
고 씨를 뿌릴 것이다! 내가 온 이스라엘에 인구가 불어나게
하여, 성읍마다 사람들이 넘치고 폐허를 재건하게 할 것이
다. 내가 이곳을 생명—사람과 짐승—이 약동하는 곳으로
만들 것이다. 나라 전역에 생명이 차오르고 넘쳐흐르게 하
리라! 너희 성읍과 마을들이 옛날처럼 다시 사람들로 붐빌
것이다. 내가 이전 어느 때보다도 너희를 선대할 것이다. 너
희는 내가 **하나님**인 줄 알게 될 것이다. 내가 너희 산들 위
에 사람들을—내 백성 이스라엘을!—두어 너희를 돌보게
하고, 너희가 그들의 유산이 되게 할 것이다. 다시는 너희가
그들에게 가혹하고 혹독한 땅이 되는 일이 없게 할 것이다.

13-15 주 **하나님**이 말한다. 너희는 사람을 집어삼키는 땅, 아
이를 잉태하지 못하게 하는 땅으로 악명 높지만, 이제 내가
너희에게 말한다. 너희가 사람을 집어삼키거나 아이를 잉태
하지 못하게 하는 일은 다시 없을 것이다. 주 **하나님**의 포고
다. 내가 다시는 이방인들이 너희를 조롱하거나 뭇 민족들
이 너희를 얕잡아 보게 놔두지 않을 것이다. 너희는 더 이상
아이를 잉태하지 못하게 하는 땅이 되지 않을 것이다. 주 **하
나님**의 포고다.'"

16-21 **하나님**의 **메시지**가 내게 임했다. "사람의 아들아, 이스
라엘 백성은 자기 땅에 살 때 더러운 행위로 그 땅을 부정하
게 만들었다. 내가 그들에게 나의 진노를 쏟은 것은 그들이
그 땅에 부정한 피를 쏟았기 때문이다. 마구잡이로 사람을
죽이고 더러운 우상을 숭배하여 나라를 부정하게 만든 그들
에게, 나는 분노가 치밀어 올랐다. 그래서 그들을 발로 차서
내쫓아 여러 나라에 포로로 잡혀가게 했다. 그들이 살아온
삶대로 심판했다. 그들은 어디를 가든지 내 이름에 먹칠을
했다. 사람들이 말했다. '저 자들은 **하나님**의 백성인데, 하
나님의 땅에서 쫓겨났다.' 어느 나라에 들어가든지, 이스라
엘 백성은 거기서 내 거룩한 이름에 먹칠을 하여 나를 괴롭
게 만들었다.
22-23 그러므로, 이스라엘에게 전하여라. '주 **하나님**의 **메시
지**다. 이스라엘아, 내가 이렇게 하려는 것은 너희를 위해서

가 아니라 나를 위해서다. 너희가 가는 곳마다 먹칠해 놓은
나의 거룩한 이름을 위한 일이다. 내가 나의 크고 거룩한 이
름을 만방에 떨쳐 보일 것이다. 뭇 나라에서 땅에 떨어져 버
린 내 이름, 너희가 가는 곳마다 더럽혔던 내 이름을 말이
다. 내가 너희를 통해 뭇 민족 앞에서 나의 거룩을 나타내
보이는 날에, 비로소 그들은 내가 **하나님**인 줄 알게 될 것
이다.
24-28 내가 하려는 일은 이것이다. 내가 너희를 그 나라들에
서 데리고 나오고, 너희를 사방에서 모아다가 너희 고향 땅
으로 데려가겠다. 내가 정결한 물을 부어 너희를 깨끗이 씻
겨 줄 것이다. 너희에게 새 마음을 주고, 너희 안에 새 영을
넣어 줄 것이다. 내가 너희 안에서 돌로 된 마음을 도려내
고, 자기 뜻 대신 하나님의 뜻을 좇는 마음을 불어넣을 것이
다. 너희 안에 나의 영을 불어넣어, 내가 말하는 대로 너희
가 행하고, 내가 명령하는 대로 살 수 있게 할 것이다. 너희
는 내가 너희 조상에게 준 땅에서 다시 살게 되리라. 너희는
나의 백성이 되고, 나는 너희의 하나님이 되리라!
29-30 나는 너희를 그 역겨운 더러움에서 건져 낼 것이다. 내
가 직접 밭에 명령을 내려 풍작을 이루게 할 것이다. 더 이
상 기근을 보내지 않으며, 너희 과일농사와 밭농사가 번창
하게 할 것이다. 앞으로는 기근 때문에 다른 민족들에게 모
욕을 당하는 일이 없을 것이다.
31 너희는, 끔찍한 지난 삶을—그 악하고 부끄러운 일들—

돌이켜 보며, 너희가 그동안 얼마나 역겨운 짓을 일삼아 왔
는지 깨닫게 될 것이다. 너희 자신을 한없이 역겨워하리라.
32 똑똑히 알아 두어라! 내가 이렇게 하는 것은 너희를 위해
서가 아니다. 부끄러운 줄 알아라. 이스라엘아, 너희가 모든
것을 얼마나 엉망진창으로 만들어 왔는지 아느냐!
33-36 주 **하나님**의 **메시지**다. 내가 너희의 더러운 삶을 깨끗
이 씻겨 줄 그날에, 너희 도성들도 다시 사람이 살 만한 곳
으로 만들 것이다. 폐허가 재건되고 버려진 땅이 다시 경작
될 것이다. 그 땅은 더 이상 잡초와 가시뿐인 불모지로 보
이지 않을 것이다. 사람들이 그 땅을 보고 탄성을 지르리
라. "아, 쑥대밭이었던 곳이 에덴 동산으로 바뀌었구나! 허
물어져 망각 속에 묻혔던 도성들이 이처럼 번성한 곳이 되
다니!" 그때, 너희 주변에 남아 있는 민족들은, 나 **하나님**이
무너진 곳을 다시 일으켜 세우고 텅 빈 불모지에 생명을 심
는 이인 줄 알게 될 것이다. 나 **하나님**이 말했으니, 내가 이
룰 것이다.
37-38 주 **하나님**의 **메시지**다. 내가 다시 한번 이스라엘의 청
을 들어주려고 한다. 내가 그들의 수를 양 떼처럼 불어나게
할 것이다. 예루살렘이 축제 기간에 제물로 바치려고 가져
온 양 떼로 붐비듯이, 허물어진 도성들이 사람들로 붐빌 것
이다. 그제야 그들은 내가 **하나님**인 줄 알게 될 것이다.'"

마른 뼈들이 살아나다

37

1-2 **하나님**께서 나를 잡아채셨다. **하나님**의 영
이 나를 위로 들어 올리시더니, 뼈들이 널브러
져 있는 넓은 벌판 한가운데에 내려놓으셨다. 그분이 나를
데리고 그 뼈들 사이를 두루 다니셨다. 뼈가 얼마나 많던지,
벌판 전역이 뼈로 뒤덮여 있었다. 햇볕에 바싹 말라 희어진
뼈들이었다.
3 그분이 내게 말씀하셨다. "사람의 아들아, 이 뼈들이 살 수
있겠느냐?"
내가 대답했다. "주 **하나님**, 오직 주만이 아십니다."
4 그분이 내게 말씀하셨다. "저 뼈들을 향해 예언을 선포하
여라. '마른 뼈들아, **하나님**의 **메시지**를 들어라!'"
5-6 주 **하나님**께서 그 마른 뼈들에게 이르셨다. "자, 보아라.
내가 너희에게 생명의 숨을 불어넣겠고, 너희가 살아날 것
이다. 내가 너희에게 힘줄을 붙이고, 너희 뼈에 살을 입히고,
너희를 살갗으로 덮고, 너희 안에 생명을 불어넣겠다. 그러
면 너희가 살아나서, 내가 **하나님**인 줄 알게 될 것이다!"
7-8 그래서 나는 명령받은 대로 예언을 선포했다. 그러자 무
슨 소리가 들리기 시작했다. 바스락바스락하는 소리였다!
뼈들이 움직이더니, 뼈와 뼈가 서로 붙기 시작했다. 계속 지
켜보니, 그 뼈들에 힘줄이 붙고, 근육이 오르며, 그 위로 살
갗이 덮였다. 그러나 그들 안에 아직 생기는 없었다.
9 그분이 내게 말씀하셨다. "생기에게 말씀을 선포하여라.

사람의 아들아, 예언을 선포하여라. 생기에게 일러라. '주 **하나님**께서 말씀하신다. 생기여, 오라. 사방에서 불어와, 저 살해당한 몸들에게 생명을 불어넣어라!'"
10 내가 명령받은 대로 말씀을 선포하자, 생기가 그들 속에
들어갔고, 그들이 살아났다! 그들이 제 발로 일어서는데,
엄청나게 큰 군대였다.
11 그때 하나님께서 내게 말씀하셨다. "사람의 아들아, 이
뼈들은 온 이스라엘 집안이다. 그들이 하는 말을 들어 보아
라. '우리 뼈가 말랐다. 우리 희망이 사라졌다. 남은 것이 아
무것도 없다.'
12-14 그러므로, 예언을 선포하여라. 그들에게 전하여라. '주
하나님이 말한다. 나의 백성들아, 내가 너희 무덤을 파헤치
고 너희를 꺼내어 살려 주겠다! 곧장 너희를 이스라엘 땅으
로 데려가 주겠다. 내가 무덤을 파헤치고 내 백성인 너희를
꺼내는 날, 너희는 내가 **하나님**인 줄 알게 될 것이다. 내가
너희 안에 나의 생명을 불어넣으면, 너희가 살아나리라. 내
가 너희를 너희 땅으로 데려갈 때에, 너희는 내가 **하나님**인
줄 알게 될 것이다. 내가 말했으니, 내가 이룰 것이다. **하나
님**의 포고다.'"

15-17 **하나님**의 **메시지**가 내게 임했다. "너 사람의 아들아, 막
대기를 가져다가 그 위에 이렇게 써라. '유다와 그의 이스라

엘 동료들.' 그 다음 다른 막대기를 가져다가 그 위에 이렇
게 써라. '에브라임의 막대기인 요셉과 그의 모든 이스라엘
동료들.' 그런 다음 그 두 막대기를 하나로 묶어 네 손에서
한 막대기가 되게 하여라.
18-19 네 백성이 네게 '지금 무얼 하는 겁니까?' 하고 묻거든,
그들에게 전하여라. '주 **하나님**이 말한다. 나를 잘 보아라!
내가 에브라임 손에 있는 요셉 막대기, 곧 그와 연결된 이
스라엘 지파들의 막대기와 유다 막대기를 연결하여 그 둘
을 한 막대기로 만들 것이다. 그 둘이 내 손에서 하나의 막
대기가 될 것이다.'
20-24 또 너는, 네가 글을 새겨 넣은 그 막대기들을 가져다
가 사람들이 잘 볼 수 있게 높이 쳐들고 그들에게 말하여라.
'주 **하나님**이 말한다. 나를 잘 보아라! 나는 이스라엘 백성
이 포로로 붙잡혀 간 땅에서 그들을 데리고 나올 것이다. 내
가 그들을 사방에서 모아다가 다시 고향으로 데리고 올 것
이다. 그들이 그 땅, 이스라엘의 산에서 한 민족을 이루어
살게 하고, 그들 모두를 다스릴 한 왕을 그들에게 줄 것이
다. 다시는 그들이 두 민족, 두 왕국으로 나뉘는 일이 없을
것이다. 다시는 우상숭배와 추악하고 역겨운 짓과 반역 행
위로 자기 삶을 더럽히는 일이 없을 것이다. 내가 그들을 죄
로 물든 소굴에서 구해 주리라. 그들을 깨끗이 씻겨 주리라.
그들은 나의 백성이 되고, 나는 그들의 하나님이 될 것이다!
나의 종 다윗이 그들을 다스리는 왕이 되고, 그들 모두가 한

목자 아래서 살게 될 것이다.
24-27 그들은 나의 규례를 따르고 나의 율례를 지킬 것이다.
그들은 내가 나의 종 야곱에게 준 땅, 그들의 조상이 살던
땅에서 살 것이다. 그들과 그들의 후손들이 거기서 영원히
살고, 나의 종 다윗이 영원히 그들의 왕이 될 것이다. 내가
그들과 평화의 언약을 맺을 것이다. 이는 만물을 존속시키
는 언약이요, 영원한 언약이다. 내가 그들을 굳건히 지켜 주
고, 나의 거룩한 예배 처소가 영원히 그들 삶의 중심에 자리
잡게 할 것이다. 내가 거기서 그들과 함께 살 것이다. 내가
그들의 하나님이 되고, 그들은 나의 백성이 될 것이다!
28 나의 거룩한 예배 처소가 영원히 그들 삶의 중심에 세워
질 때, 뭇 민족은 나 **하나님**이 이스라엘을 거룩하게 하는 이
인 줄 알게 될 것이다.'"

곡을 통해 나의 거룩을 나타내리라

38 1-6 **하나님**의 **메시지**가 내게 임했다. "사람의 아
들아, 마곡 땅에서 온, 메섹과 두발의 우두머리
곡과 맞서라. 그를 대적하여 예언을 전하여라. '주 **하나님**께
서 말씀하신다. 곡아, 경고한다. 메섹과 두발의 우두머리인
너를 내가 대적한다. 내가 너를 돌려세우고 네 턱에 갈고리
를 꿰어, 너와 네 모든 군대와 네 말과 군장—큰 방패, 작은
방패, 칼—을 갖춘 기병들과 완전 무장한 전사들을 모조리
끌어내 올 것이다! 페르시아와 구스와 붓이 무기를 들고 너

와 함께 진군할 것이며, 고멜과 그 군대와 북방에서 온 벳도
갈마와 그의 군대도 동참할 것이다. 많은 민족들이 너와 함
께하리라!
7-9 너는 불려 나온 모든 무리와 함께 전투태세를 갖추어라.
만반의 준비를 갖추고 명령을 기다려라. 오랜 시간 후에, 네
게 명령이 떨어질 것이다. 먼 미래에, 너는 전쟁의 참화를
딛고 일어선 나라에 이르게 될 것이다. 여러 민족의 땅에서
모여든 사람들이 거기, 오랫동안 폐허로 남아 있던 이스라
엘의 산들에 모여 살고 있을 것이다. 여러 나라에 흩어져 살
다 돌아온 그들이, 거기서 안전하고 평안히 살고 있을 것이
다. 너와 모든 군대는 폭풍처럼 일어나서, 구름 떼처럼 그
땅에 몰려들어 그곳을 뒤덮을 것이다.
10-12 주 **하나님**의 **메시지**다. 그날이 오면, 너는 이런저런 궁
리를 하다가 흉악한 계략을 꾸밀 것이다. 너는 말할 것이다.
"저 무방비 상태의 나라에 쳐들어가자. 성벽도 세우지 않고
문도 잠그지 않은 채 태평하게 살아가는 저들을 덮쳐서 물
건을 약탈하자. 포로로 잡혀갔다가 돌아온 저들, 잿더미에
서 일어선 저 나라에 쳐들어가서, 세상의 중심부에 자리를
잡고 나날이 번창하는 저들의 경제를 다 털어 오자."
13 돈벌이에 혈안인 무역상 스바와 드단과 다시스가 네게 말
할 것이다. "약탈할 새 땅을 찾았군! 손쉽게 부자가 되려고
군대를 데려왔군!"'
14-16 그러므로, 사람의 아들아, 예언을 선포하여라! 곡에게

전하여라. '주 **하나님**의 **메시지**다. 내 백성 이스라엘이 견
고하게 세워지면, 네가 그때 오겠느냐? 폭도 군단을 이끌
고 먼 북방에서 내려오겠느냐? 질주하는 말을 타고 밀물처
럼 땅을 뒤덮고 구름 떼처럼 나라를 뒤덮으며, 내 백성 이스
라엘에게 쳐들어오겠느냐? 때가 이르면, 내가 너를 풀어 내
땅을 치게 할 것이다. 이는 뭇 민족이 보는 앞에서 내가 너
곡을 통해 나의 거룩을 만방에 나타내고, 그들이 나를 알아
보게 하려는 것이다.
17-22 주 **하나님**의 **메시지**다. 여러 해 전에, 내가 나의 종 이
스라엘의 예언자들을 통해 말한 것이 바로 너를 두고 한 말
이 아니냐? 여러 해에 걸쳐 그들은, 장차 내가 너를 불러 이
스라엘을 칠 것이라고 예언했다. 곡아, 날이 이르면 네가 이
스라엘 땅을 칠 것이다. 주 **하나님**의 포고다. 나의 불같은
진노가 터져 나오리라. 불타는 질투에 사로잡힌 내가 네게
말한다. 그날 이스라엘 땅을 뒤흔들 지진이 있을 것이다. 물
고기와 새와 들짐승과—개미와 딱정벌레까지!—모든 사람
이 내 앞에서 떨 것이다. 산이 허물어지고 해안 땅이 꺼질
것이다. 그날, 내가 전면전을 명하여 너 곡을 칠 것이다. 주
하나님의 포고다. 이스라엘의 산들에서 곡이 곡을 쳐죽일
것이다. 내가 곡을 심판의 홍수에 잠기게 하겠다. 전염병과
대학살이 일어나고, 폭우와 우박과 용암이 너와 네 폭도 군
대와 사람들에게 쏟아질 것이다.
23 내가 나의 위엄과 거룩을 네게 보일 것이다. 내가 온 세

상에 나를 알릴 것이다. 그제야 너는 내가 **하나님**인 줄 알게
될 것이다.'"

침략자 곡의 멸망

39 1-5 "사람의 아들아, 곡을 대적하여 예언을 선포
하여라. '주 **하나님**의 **메시지다**. 메섹과 두발의
우두머리 곡아, 내가 너를 대적한다. 내가 너를 돌려세우고
이끌어내겠다. 너를 먼 북방에서 이스라엘의 산지로 끌고
내려오겠다. 그런 다음 내가 네 왼손의 활을 쳐 떨어뜨리고,
네 오른손의 화살을 쳐 떨어뜨릴 것이다. 이스라엘의 산지
에서, 너와 네 모든 군단과 너와 함께한 모든 자들이 죽임당
할 것이다. 내가 너를 시체 뜯어 먹는 새와 짐승들에게 먹이
로 던져 줄 것이다. 너는 넓은 들판에서 살해될 것이다. 내
가 말했다. 주 **하나님**의 포고다.'
6 내가 마곡과 안전하게만 보이는 먼 섬들에도 불을 놓을 것
이다. 그제야 그들은 내가 **하나님**인 줄 알게 될 것이다.
7 내가 내 백성 이스라엘 가운데 내 거룩한 이름을 드러낼
것이다. 내가 다시는 내 거룩한 이름이 진창에 처박히게 놔
두지 않을 것이다. 그제야 뭇 민족은 나 **하나님**이 이스라엘
의 거룩한 이인 줄 알게 될 것이다.
8 그렇게 될 것이다! 그렇다. 그렇게 될 것이다! 내가 네게
말한 그날에 그 일이 일어날 것이다.
9-10 사람들이 이스라엘 도성 밖으로 나와서, 크고 작은 방

패, 활과 화살, 곤봉과 창을 쌓아 놓고 그 위에 불을 지펴,
거대한 화톳불을 피울 것이다. 그 불은 일곱 해 동안 계속
타리라. 사람들은 땔감을 구하러 숲에 들어갈 필요가 없을
것이다. 연료로 쓸 무기들이 쌓이고 쌓였기 때문이다. 그들
은 자신을 발가벗기던 자들을 발가벗기고, 자신을 빈털터
리로 만들던 자들을 빈털터리로 만들 것이다. 주 **하나님**의
포고다.

11 그날에, 내가 이스라엘 안에 곡을 묻을 매장지를 정할 것
이다. 바다 동쪽 '여행자들의 휴식처'에 곡과 그의 폭도 군대
를 묻을 것인데, 그 거대한 묘지로 인해 여행자들이 지나던
길이 막힐 것이다. 사람들은 그곳을 '곡의 폭도'라 부를 것
이다.

12-16 땅을 정결하게 하기 위해 이스라엘이 그 시체들을 다
묻는 데만 일곱 달이 걸릴 것이다. 온 백성이 나와서 그 일
을 거들 것이다. 그 일이 끝나고 내 임무를 마치면, 그날은
온 백성의 축제일이 될 것이다. 정결 매장 작업을 전담할 사
람들이 고용되고, 그들이 나라 전역을 다니며 썩어 가는 부
정한 시체들을 찾아낼 것이다. 일곱 달이 끝날 즈음에는, 대
대적인 마지막 수색작업이 있을 것이다. 뼈 하나라도 발견
되면 그 장소에 막대기로 표를 하고, 매장인들이 그것을 가
져다가 집단 매장지인 '곡의 폭도'(근처 성읍은 '폭도 마을' 하
모나라고 불린다)에 묻을 것이다. 그렇게 해서 그들은 땅을
정결케 할 것이다.

17-20 사람의 아들아, 주 **하나님**이 말한다. 새들을 불러라!
들짐승들을 불러라! 소리 높여 외쳐라. '모여서 오너라. 내
가 이스라엘의 산지 위에서 너희를 위해 희생 제물 잔치를
열 것이다. 너희는 고기를 먹고 피를 마실 것이다. 기라성
같은 영웅들의 몸을 뜯을 것이요, 이름 높은 왕들의 피를 마
실 것이다. 숫양과 어린양, 염소와 황소, 바산의 가장 좋은
육축들을 먹어 치울 것이다. 너희는 내가 베풀 그 희생 제물
잔치에서 배부를 때까지 기름진 살을 먹고 취할 때까지 피
를 마실 것이다. 내가 너희를 위해 차릴 그 상에서, 말과 기
병, 영웅과 온갖 용사들이 배불리 먹을 것이다.' 주 **하나님**
의 포고다.
21-24 내가 민족들에게 나의 영광을 나타내 보일 것이니, 그
들 모두가 내 손으로 심판을 행하는 모습을 목도하리라. 그
날 이후로 이스라엘은 내가 그들의 **하나님**인 줄 알게 될 것
이다. 그리고 이스라엘이 포로로 잡혀간 것은 그들의 죄 때
문이었음을 뭇 민족이 알게 될 것이다. 이스라엘은 내게 반
역했고, 그래서 나는 그들에게 등을 돌렸다. 내가 그들을 그
들의 원수에게 넘겨주었고, 그들은 모두 죽임을 당했다. 나
는 죄에 물든 삶을 산 더러운 그들에게 응분의 벌을 내렸다.
나는 등을 돌려 그들을 외면했다.
25-29 그러나 이제 나는 사로잡혀 간 야곱을 다시 부르고, 이
스라엘의 모든 백성을 가엾이 여기며, 내 거룩한 이름을 위
해 열심을 낼 것이다. 이스라엘이 그들의 땅에서 아무 두려

움 없이 안전하고 평안히 살게 되는 날에, 마침내 나를 배반했던 부끄러운 기억이 사라지리라. 그들을 낯선 땅에서 다시 데려오고 원수의 영토에서 모은 다음, 나는 모든 민족이 지켜보는 앞에서 그들을 사용해 나의 거룩을 나타내 보이리라. 그제야 그들은 내가 그들의 **하나님**인 줄 확실히 알게 될 것이다. 나는 그들을 포로로 잡혀가게 했지만, 한 사람도 남김없이 다시 그들의 땅으로 모을 것이기 때문이다. 나는 이스라엘에 나의 영을 부어 내 생명으로 충만케 하고, 다시는 그들에게 등을 돌리지 않을 것이다. 얼굴을 마주하여 그들을 볼 것이다. 주 **하나님**의 포고다."

환상 중에 본 성전

40 1-3 우리가 포로로 잡혀 온 지 이십오 년째 되는
해—도성이 함락된 지 십사 년째 되는 해—첫
째 달 십일에, **하나님**께서 나를 사로잡아 이곳으로 데려오
셨다. 거룩한 환상 중에 그분이 나를 이스라엘 땅으로 데려
오셔서, 높은 산 위에 내려놓으셨다. 남쪽을 보니, 거기에
도성처럼 보이는 건물들이 있었다. 그분이 나를 그곳으로
데려가셨고, 거기서 나는 구릿빛 피부를 가진 한 사람을 만
났다. 그는 아마 줄과 측량 장대를 들고 건물 입구에 서 있
었다.
4 그가 내게 말했다. "사람의 아들아, 잘 보고 들어라. 이제
부터 내가 네게 보여줄 모든 것에 주목하여라. 이 일을 위해

내가 너를 이곳으로 데려왔다. 너는 본 것을 모두 이스라엘 에게 말해 주어라."

5 먼저, 성전 복합건물을 둘러싸고 있는 담이 보였다. 그 사
람의 손에 측량하는 장대가 들려 있었는데, 길이가 3.18미
터였다. 그가 담을 측량하니 두께가 3.18미터, 높이도 3.18
미터였다.

6-7 그가 동쪽으로 난 문으로 들어가 일곱 계단을 밟고 위
로 올라가서 바깥쪽 문간의 깊이를 재니, 3.18미터였다. 문
간 회랑 옆으로 문간방들이 있었는데, 가로와 세로가 각각
3.18미터인 정사각형의 방이었고, 2.25미터 두께의 벽으로
분리되어 있었다. 그 안쪽 문간은 성전 뜰로 들어가는 현관
으로 이어졌는데, 깊이가 3.18미터였다.
8-9 또 그가 문의 안쪽 현관을 재니, 깊이가 3.6미터이고, 측
면 기둥들의 두께는 0.9미터였다. 그 현관은 성전 뜰 쪽으
로 나 있었다.
10 이 동문 안쪽에는 각 면마다 세 개씩 문간방이 있었다. 방
의 크기는 모두 같았고, 동일한 모양과 크기의 벽들로 분리
되어 있었다.
11 그가 문 바깥쪽 입구를 재니, 너비가 4.5미터, 깊이는

5.85미터였다.
12 각 문간방 앞에는 45센티미터 높이의 낮은 벽이 있었다.
그 문간방들은 가로와 세로가 각각 3.18미터로 정사각형 모
양이었다.
13 또 그가 한쪽 끝 문간방 지붕 모서리에서 다른 쪽 끝 문
간방 지붕 모서리까지 재니, 그 사이의 거리가 11.25미터
였다.
14 또 그가 문의 안쪽 벽들을 재니, 뜰로 이어지는 현관까지
거리가 27미터였다.
15 그 문의 입구에서 현관 끝까지의 거리는 22.5미터였다.
16 또 문 안쪽 문간방들과 그 사이의 벽에는 사방으로 돌아
가며 좁은 창들이 나 있었다. 현관도 마찬가지였다. 창들은
모두 안쪽으로 나 있었다. 문간방 사이의 벽기둥들은 종려
나무로 장식되어 있었다.

17-19 그런 다음 그가 나를 바깥뜰로 데리고 갔다. 그곳에는
뜰의 문들을 연결해 주는 포장된 보도를 따라, 서른 개의 방
들이 줄지어 있었다. 그 보도의 길이는 문간의 길이와 같았
고, 문간을 따라 옆으로 쭉 이어져 있었다. 그 보도는 바깥
뜰로 가는 길이었다. 그가 문간 입구 정면에서부터 안뜰 입
구까지의 거리를 재니, 45미터였다.

19-23 그런 다음 그가 나를 북쪽으로 데리고 갔다. 보니, 또
다른 문이 북쪽으로 나 있었고, 바깥뜰이 거기서 끝났다. 그
가 그 문의 길이와 너비를 재었다. 문의 양쪽으로 세 개씩
문간방이 있었는데, 그 벽기둥이나 현관이 앞서 말한 문의
크기와 같았다. 길이가 26.5미터, 너비가 13.25미터였다.
창과 종려나무들도 동쪽 문의 것과 크기가 같았다. 일곱 계
단을 밟아 문으로 올라가 보니, 현관이 안쪽으로 나 있었다.
동문의 경우처럼, 북문 맞은편에도 안뜰로 들어가는 문이
있었다. 두 문 사이 거리는 53미터였다.
24-27 그런 다음 그가 나를 남쪽의 남문으로 데리고 갔다. 그
가 그 문의 벽기둥과 현관을 재니, 크기가 다른 문들과 같았
다. 창이 달린 현관도 앞에서 본 다른 문들과 크기가 같았다.
일곱 계단을 밟아 문으로 올라가는데, 현관이 바깥뜰 쪽으로
나 있고, 양편의 벽기둥이 종려나무로 장식되어 있었다. 남
문 맞은편에도 안뜰로 들어가는 문이 남쪽으로 나 있었다.
그가 뜰을 가로질러 두 문 사이의 거리를 재니, 53미터였다.

28-31 또 그가 나를 남쪽 문을 통해 안뜰로 데리고 갔다. 그
가 그 문을 재니, 바깥쪽 문들과 크기가 같았다. 문간방, 연
결 벽, 현관의 크기가 모두 똑같았다. 그 문과 현관에는 사

방으로 돌아가며 창이 나 있었고, 길이가 26.5미터, 너비가
13.25미터였다. 안뜰로 들어가는 문은 모두 13.25미터 길
이에 2.65미터 너비였다. 각 현관은 바깥뜰 쪽으로 나 있었
다. 그 벽기둥 위에는 종려나무 모양이 새겨져 있고, 문으로
올라가는 여덟 계단이 있었다.
32-34 그런 다음 그가 나를 안뜰의 동쪽으로 데리고 가서, 거
기에 있는 문을 재니, 그 크기가 다른 문들과 같았다. 문간
방, 연결 벽, 현관의 크기가 모두 같았다. 그 문과 현관 양쪽
에도 사방으로 돌아가며 창이 나 있었다. 재어 보니, 길이가
26.5미터, 너비가 13.25미터였다. 현관은 바깥뜰 쪽으로
나 있었고, 양편 벽기둥 위에는 종려나무가 새겨져 있었다.
또 여덟 계단이 있었다.
35-37 또 그가 나를 북쪽으로 난 문으로 데리고 가서 그 크기
를 재니, 마찬가지로 다른 문들과 같은 치수였다. 문간방과
연결 벽과 창문 달린 현관이 있었고, 길이가 26.5미터, 너
비가 13.25미터였다. 현관은 바깥뜰 쪽으로 나 있었고, 양
편 벽기둥 위에는 종려나무가 새겨져 있었다. 마찬가지로
올라가는 여덟 계단이 있었다.

38-43 그 문의 현관 옆에 문이 달린 방이 하나 있었는데, 그
방은 번제물을 씻는 곳이었다. 방 양쪽에 상이 두 개씩 놓
여 있었고, 그 위에서 번제, 속죄제, 속건제에 쓸 짐승을 잡

았다. 현관의 바깥쪽에도 양 벽쪽으로 상이 두 개씩 놓여 있었다. 이렇게 안쪽에 네 개, 바깥쪽에 네 개, 모두 여덟 개의 상이 있었고, 거기서 제물로 바칠 짐승을 잡았다. 번제물을 바칠 때 쓰는 네 개의 상들은 모두 가로와 세로가 79.5센티미터인 정사각형 모양에 높이는 53센티미터였다. 제물로 바칠 짐승을 잡는 기구와 제사를 드릴 때 쓰는 그 밖의 기구들이 그 위에 놓여 있었고, 벽에는 8센티미터 길이의 갈고리들이 걸려 있었다. 그 상들은 제물로 바칠 짐승을 올려놓는 곳이었다.

44-46 안쪽 문과 안뜰이 이어지는 지점에 방이 두 개 있었다.
하나는 북쪽 문에 있으면서 남쪽으로 나 있었고, 다른 하나
는 남쪽 문에 있으면서 북쪽으로 나 있었다. 그 사람이 내게
말했다. "남쪽으로 나 있는 이 방은 성전을 책임지는 제사장
들을 위한 방이다. 그리고 북쪽으로 나 있는 저 방은 제단을
책임지는 제사장들의 방이다. 그들은 사독의 자손으로, 레
위의 자손 중에서도 **하나님**께 가까이 나아가 그분을 섬기도
록 허락받은 제사장들이다."
47 그가 또 안뜰을 재니, 가로와 세로가 53미터인 정사각형
모양이었다. 제단은 성전 앞에 놓여 있었다.

48-49 그가 나를 성전 현관으로 데리고 가서 현관의 벽기둥들
을 재니, 양편 모두 높이가 2.65미터였다. 성전 문으로 들어
가는 입구는 너비가 6.3미터이고, 연결 벽들의 두께는 1.35
미터였다. 현관 자체는 너비가 10.6미터이고, 깊이는 6.36
미터였다. 현관 어귀에는 열 개의 계단이 있었고, 벽기둥 옆
으로 다른 기둥들이 서 있었다.

41

1-2 그가 나를 성전으로 데리고 가서 양편의 벽기
둥을 재니, 그 두께가 각각 3.18미터였다. 입구
의 너비는 5.3미터였다. 양 벽은 두께가 각각 2.65미터였다.
또 그가 성전 안 성소를 재니, 길이가 21.2미터, 너비가
10.6미터였다.
3-4 그가 더 들어가서 성소 입구의 두 벽기둥을 재니, 그 두
께가 각각 1.06미터였다. 입구 자체 너비는 3.18미터이고,
입구 벽의 두께는 3.71미터였다. 그가 성소 끝에 자리한 지
성소를 재니, 가로와 세로가 10.6미터인 정사각형이었다.
그가 내게 "이곳이 지성소다" 하고 일러 주었다.
5-7 그가 성전 벽을 재니, 두께가 3.18미터였다. 성전을 둘
러싸며 곁방들이 자리하고 있었는데, 너비가 각각 2.12미
터였다. 이 곁방들은 삼층으로 이루어져 있었고, 각 층마다
서른 개의 방이 있었다. 그 곁방들을 지탱해 주는 들보가 성
전 주위로 둘려 있었는데, 성전 벽에 붙어 있지 않고 자체로

독립되어 있었다. 성전을 둘러싼 곁방은 위층으로 올라갈수
록 더 넓었다. 아래층에는 중간층을 거쳐 맨 위층으로 올라
가는 계단이 있었다.
8-11 내가 자세히 보니, 성전 둘레를 3.18미터 두께의 단이
둘러싸고 있었는데, 그것이 곁방들의 기초였다. 곁방들의
외벽은 두께가 2.65미터였다. 성전 곁방들과 제사장의 방
들 사이에 너비가 10.6미터인 빈 터가 있었고, 그 빈 터가
성전을 둘러싸고 있었다. 그 빈 터에서 곁방들로 들어가는
입구가 둘 있었는데, 하나는 북쪽 면에 다른 하나는 남쪽 면
에 있었다. 성전을 빙 두르는 빈 터의 너비는 2.65미터였다.
12 서쪽 방향으로 서서 성전 뜰을 바라보고 있는 건물이 있
었는데, 너비는 37.1미터, 벽의 두께는 2.65미터였다. 벽과
건물의 길이는 47.7미터였다.
13-14 그가 성전을 재어 보니, 길이가 53미터였다. 성전 뜰과
그 앞의 건물과 벽을 합한 길이도 53미터였다. 또 성전의
전면과 동쪽으로 난 빈 터의 너비도 각각 53미터였다.
15-18 그가 성전의 뒤뜰을 바라보고 있는 건물의 길이를 재
니, 양쪽의 다락을 포함해 53미터였다. 성소와 지성소와 뒤
뜰로 나 있는 현관에 나무판자를 대 놓았는데, 삼면으로 창
틀과 문틀을 달았고, 바닥부터 창까지 벽에 판자를 대 놓았
다. 지성소로 들어가는 바깥쪽 입구와 지성소와 성소를 나
누는 벽들 사방에 그룹과 종려나무 모양이 일정한 간격으로
교차하며 새겨져 있었다.

18-20 그룹의 얼굴은 각기 두 개였다. 사람 얼굴은 오른쪽 종
려나무를 바라보고 있었고, 사자 얼굴은 왼쪽 종려나무를
바라보고 있었다. 그 모양이 성전 전체에 새겨져 있었는데,
성소 벽 바닥부터 문 높이까지 새겨져 있었다.
21-22 성소에는 직사각형 모양의 문틀이 있었다. 지성소 앞에
는 나무로 만든 제단처럼 보이는 무언가가 있었는데, 1.59미
터 높이에 가로와 세로가 각각 1.06미터인 정사각형 모양이
었다. 모서리며 받침대며 옆면이 모두 나무로 되어 있었다.
그 사람이 내게 말했다. "이것은 **하나님** 앞에 놓는 상이다."
23-26 성소와 지성소 모두 겹문이 달려 있었다. 문마다 문짝
이 두 개씩 있고, 각 문짝마다 돌쩌귀가 두 개씩 달려 있었
다. 두 개의 문짝은 안쪽으로, 다른 두 개는 바깥쪽으로 열
리게 되어 있었다. 성소의 문에는 그룹과 종려나무가 새겨
져 있었다. 바깥 현관 앞에는 나무로 만든 차양이 있었다.
현관 양편에는 종려나무 모양이 번갈아 가며 새겨진 좁은
창들이 있었다.

42

1-9 그 사람이 나를 북쪽 바깥뜰로 이끌고 나가
서, 빈 터 앞에 있는 방들과 북쪽을 바라보고 있
는 건물로 데려갔다. 북향 건물은 길이가 53미터이고, 너비
가 26.5미터였다. 안뜰과 바깥뜰 가장자리의 포장된 보도
를 가르는 10.6미터를 사이에 두고 방들이 나란히 삼층으로

올려져 있었다. 안쪽 방들 앞으로 복도가 있었는데, 그 너비가 5.3미터, 길이가 53미터였다. 입구는 북쪽으로 나 있었다. 건물 삼층 방들은 일이층 방들보다 좁았지만 회랑은 더 넓었다. 이 방들에는 바깥뜰에 있는 것 같은 기둥들이 없어서, 삼층 방이 일이층 방들보다 작았다. 바깥뜰에는 그 방들과 나란히 바깥담이 둘러 있었다. 방들 앞에 세워진 그 담의 길이는 26.5미터였다. 바깥뜰 쪽 방들의 길이는 26.5미터이고, 성소 가장 가까이에 있는 방들의 길이는 53미터였다. 일층 방들은 입구가 동쪽으로 나 있었는데, 바깥뜰에서 그리로 들어오게 되어 있었다.

10-12 남쪽 면에도 뜰의 바깥담을 따라 성전 뜰을 마주하고 있는 방들이 있었고, 그 앞으로 보도가 깔려 있었다. 북쪽 면의 방들과 똑같은 모습이었고—출구와 치수가 같았다—복도로 이어지는 입구는 동쪽으로 나 있었으며, 방들로 들어가는 문들도 북쪽에 있는 것들과 같았다. 남쪽 건물의 모양새는 북쪽과 거울에 비친 듯 똑같았다.

13-14 그가 내게 말했다. "빈 터 옆의 북쪽 방과 남쪽 방들은 거룩한 방들로, **하나님** 앞에 나아오는 제사장들이 거룩한 봉헌물을 먹는 곳이다. 제사장은 거룩한 제물, 곧 곡식 제물, 속죄 제물, 속건 제물을 그 방에 놓아둔다. 그 방들은 구별된 방들이요 거룩한 공간이다. 제사장들은 성소에 들어가 섬김의 일을 할 때 바깥뜰에 나와 백성과 섞여서는 안된다. 그 일을 할 때 입었던 신성한 의복을 벗고 평상복으로 갈아

입은 다음에야 그렇게 할 수 있다."
15-16 성전 내부를 재는 일을 마치자, 그는 나를 동쪽 문 밖으
로 데리고 나가 성전의 바깥쪽을 재었다. 측량 장대로 그가
동쪽 면을 재니, 265미터였다.
17 북쪽 면을 재니, 265미터였다.
18 남쪽 면을 재니, 265미터였다.
19 마지막으로, 그가 서쪽 면으로 가서 그곳을 재니, 265미
터였다.
20 그가 잰 사방의 벽은 모두 265미터였다. 그 벽들을 사이
에 두고 거룩한 곳과 속된 곳이 구별되었다.

하나님의 영광이 나타나다

43 1-3 그 사람이 나를 동쪽 문으로 데리고 갔다.
오! 이스라엘 하나님의 찬란한 영광이 큰 물소
리와 함께 동쪽에서 밀려들었고, 그 찬란한 영광의 광채에
땅이 환히 빛났다. 이는 그분께서 도성을 멸망시키러 오셨
을 때 내가 보았던 것과 같은 모습이었다. 또 전에 그발 강
가에서 본 것과도 같은 광경이었다. 이번에도 나는 얼굴을
땅에 대고 엎드렸다.
4-5 **하나님**의 찬란한 영광이 동쪽 문을 통해 성전 안으로 쏟
아져 들어왔다. 그 영이 나를 일으켜 세우고 나를 안뜰로
데리고 갔는데, 내가 보니 성전에 **하나님**의 찬란한 영광이
가득했다!

6-9 그 사람이 내 곁에 서 있는데, 성전 안쪽에서 누군가가 나를 향해 말하는 소리가 들려왔다. "사람의 아들아, 이곳은 내 보좌가 있는 곳, 내 발을 놓는 곳이다. 내가 이스라엘 백성과 영원히 살 곳이다. 다시는 이스라엘 백성과 왕들이 창녀짓을 하거나 길가에 산당을 세우고 우상으로 내 거룩한 이름에 먹칠을 하는 일이 없을 것이다. 그들은 나를 예배하는 처소 바로 옆에서, 얇은 담 하나를 사이에 둔 채 우상숭배 산당들을 세우고, 더러운 의식으로 내 거룩한 이름을 진창에 처박았다. 그러니 내가 어찌 진노 가운데 그들을 멸하지 않을 수 있었겠느냐? 이제 창녀짓을 그치고, 그들의 왕들이 들여온 악취 나는 우상들을 모두 없애게 하여라. 그러면 내가 그들이 사는 곳으로 옮겨 가서 영원히 그들과 함께할 것이다.

10-11 사람의 아들아, 이스라엘 백성에게 이 성전에 관한 모든 것을 말해 주어라. 그들은 지금껏 살아온 방종한 삶에 대해 스스로 경악하게 될 것이다. 이스라엘 백성이 이 성전 배치도를 면밀히 살펴보게 하여라. 그들이 가던 길을 멈추게 될 것이다. 성전 전체 도면—입구와 출구, 비율, 규정과 법도—을 다 보여주어라. 그들이 볼 수 있도록 그림을 그려주어 도안과 그 의미를 이해하게 하고, 그 취지대로 살 수 있게 하여라.

12 이것이 성전의 법이다. 성전이 산 정상에서 빛을 발하면, 그 주변 전체가 거룩한 땅이 된다. 그렇다. 이것이 성전의

법, 곧 성전의 의미다."

13-14 "(길이가 53센티미터인) 긴 자로 잰 제단의 치수는 이러
하다. 밑받침 물받이는 길이가 53센티미터, 너비가 53센티
미터이며, 테두리에는 10.6센티미터의 턱이 있다.
14-15 제단의 높이는 밑받침부터 첫째 선반까지 1.06미터이
며, 너비는 53센티미터다. 첫째 선반부터 둘째 선반까지의
높이는 2.12미터, 너비는 53센티미터다. 그 위에는 2.12미
터 높이의 제단 화덕이 있다. 화덕 위로 솟은 네 개의 뿔은
높이가 53센티미터다.
16-17 제단 맨 위에 있는 화로는 가로와 세로가 각각 6.36미
터인 정사각형이다. 윗선반도 각 면이 7.42미터로 정사각형
이며, 테두리의 턱은 26.5센티미터, 물받이는 너비가 53센
티미터다.
제단의 계단은 동쪽으로 나 있다."

18 그 사람이 또 내게 말했다. "사람의 아들아, 주 **하나님**
께서 말씀하신다. '제단에서 행할 규례, 번제물을 바치고
그 위에 피를 뿌리는 규례는 이러하다.
19-21 속죄 제물로 수송아지 한 마리를 제사장에게 가져오되,
내 앞에 나와서 나를 섬기는 사독 가문 출신 레위인 제사장
들이 가져오게 하여라. 소의 피를 가져다가 제단 맨 윗선반

네 귀퉁이에 솟아 있는 네 뿔과 테두리 턱에 발라라. 이것은
제단을 정결하게 하고 거기서 희생 제물을 드릴 수 있게 하
려는 것이다. 그런 다음 속죄 제물로 바친 수송아지를 가져
다가 성소 바깥마당, 지정된 장소에서 불태워라.
22-24 이튿날에는, 흠 없는 숫염소 한 마리를 속죄 제물로 바
쳐라. 수송아지를 바칠 때와 똑같은 방법으로 제단을 정결
하게 하여라. 정결 의식을 마치면, 흠 없는 수송아지 한 마
리와 양 떼 가운데서 흠 없는 숫양 한 마리를 골라 바쳐라.
그것들을 **하나님** 앞에 바칠 때는, 그 위에 소금을 뿌려 **하나
님**께 번제물로 바쳐야 한다.
25-26 너는 칠 일 동안 매일 염소 한 마리를 속죄 제물로 마련
하고, 수송아지 한 마리와 양 떼 가운데서 흠 없는 숫양 한 마
리를 마련해 놓아라. 칠 일 동안 제사장들은 제단을 정결하게
하면서, 준비해야 한다. 이것이 제단을 봉헌하는 방식이다.
27 칠 일에 걸친 봉헌을 마치면, 팔 일째 되는 날부터는 제사
장들이 너희의 번제물과 화목 제물을 바칠 것이다. 그러면
내가 너희를 즐거이, 기쁘게 받아들일 것이다! 주 **하나님**의
포고다.'"

성소 규례

44 1 그 사람이 나를 다시 동쪽으로 난 성소 바깥 문
으로 데리고 갔다. 그런데 그 문이 닫혀 있었다.
2-3 **하나님**께서 내게 말씀하셨다. "이 문은 닫혔고, 언제까지

나 닫혀 있을 것이다. 누구도 이 문을 통해 들어갈 수 없다.
하나님, 이스라엘의 하나님이 이 문으로 들어갔기 때문이
다. 이 문은 영원히 닫혀 있을 것이다. 오직 왕만이 왕의 자
격으로 거기 앉아 **하나님** 앞에서 먹을 수 있다. 그는 현관을
통해 이 문 안에 들어왔다가, 다시 그 길로 나가야 한다."
4 그 사람이 나를 이끌어 북쪽 문을 통해 성전 앞으로 데리고
갔다. 내가 보니, **하나님**의 찬란한 영광이 **하나님**의 성전에
가득 차 있었다! 나는 얼굴을 땅에 대고 엎드려 경배했다.
5 **하나님**께서 내게 말씀하셨다. "사람의 아들아, 너는 정신
차려 눈여겨보고 귀담아들어라. 내가 이 **하나님**의 성전의
규례와 법규에 대해 네게 이르는 모든 말과, 성전과 성소 출
입구에 대해 이르는 지침에 주목하여라.
6-9 저 반역자들, 곧 이스라엘 가문에게 전하여라. '주 **하나
님의 메시지다**. 이스라엘아, 추악하고 역겨운 짓을 이제 그
쳐라. 너희는 마음과 육체에 할례 받지 않은 불경하고 완악
한 이방 사람들을 내 성소에 끌어들였고, 내게 희생 제물로
바친 것들을 그들이 먹도록 내놓았다. 너희는 추악하고 역
겨운 짓을 서슴지 않았으며, 신의를 저버리고 나와 맺은 엄
숙한 언약을 깨뜨렸다. 너희는 나의 거룩한 기물들을 돌보
지 않았고, 나의 성소에 대한 경외심이 전혀 없는 이방인들
을 고용하여 그 일을 떠맡겼다. 마음이나 육체에 할례를 받
지 않은 불경하고 완고한 이방인들은, 이스라엘 사람들과
함께 살고 있어도 내 성소에 들어올 수 없다.'

10-14 온 이스라엘이 우상을 좇아가자, 거기에 편승하여 나를
버리고 떠난 레위인들은, 그 모든 잘못의 대가를 치르게 될
것이다. 이제부터 그들은 성소에서 머슴 일만 하게 될 것이
다. 문지기 일이나 성전 허드렛일을 맡아서, 백성이 가져오
는 희생 제물을 잡아 주고 그들을 섬기는 일을 하게 될 것이
다. 우상들의 제사장 노릇을 하며 내 백성 이스라엘을 걸려
넘어지게 한 그들이니, 내가 반드시 그들을 벌하기로 맹세
했다. 주 **하나님**의 포고다. 그렇다. 그들은 자신들이 저지른
일의 대가를 치를 것이다. 이제 그들은 제사장직에서 해고
되었다. 더 이상 내 앞에 나아와 내 거룩한 기물들을 돌보는
일을 하지 못한다. 거룩한 곳에 더 이상 들어가지 못한다!
그들은 추악하고 역겨웠던 삶의 부끄러움을 짊어지고 살아
야 한다. 이제부터는 청소와 심부름이 그들의 일이다. 그것
이 전부다.

15-16 그러나 모두가 나를 등지고 떠났을 때도 신실하게 나의
성소를 지키고 돌보았던 사독의 자손 레위인 제사장들은,
내 앞에 나아와 나를 섬길 것이다. 그들은 엄숙하게 희생 제
물을 바치는 제사장의 일을 수행할 것이다. 주 **하나님**의 포
고다. 그들만이 내 성소에 들어올 수 있다. 그들만이 내 상
에 가까이 와서 내 일을 도우며 나를 섬길 수 있다.

17-19 그들이 안뜰 문에 들어올 때는, 반드시 모시옷을 입어
야 한다. 안뜰 문이나 성전 안에서 섬길 때 양털로 만든 옷
을 입어서는 안된다. 머리에는 모시 관을 쓰고 속에는 모시

속옷을 입어야 한다. 땀이 나게 하는 것은 어떤 것도 입어서
는 안된다. 백성이 모여 있는 바깥뜰로 나갈 때는, 안에서
섬길 때 입은 옷을 벗어서 거룩한 방에 두고 평상복으로 갈
아입은 다음에 나가야 한다. 잘못된 옷차림으로 그들이 수
행하는 거룩한 일의 격을 떨어뜨리지 않게 해야 한다.
20 그들은 머리를 밀어서도 안되고 머리카락이 덥수룩하게
놔두어서도 안되며, 늘 단정하게 깎아야 한다.
21 어떤 제사장이든지, 일할 때 술에 취해 있으면 안된다. 안
뜰에 있을 때는 포도주를 입에 대지 못한다.
22 제사장은 과부나 이혼한 여자와 결혼해서는 안된다. 그러
나 이스라엘 처녀나 제사장의 아내였다가 과부가 된 여인과
는 결혼할 수 있다.
23 제사장이 할 일은 내 백성이 거룩한 것과 일상적인 것, 부
정한 것과 정결한 것을 분별하도록 가르쳐 보이는 것이다.
24 의견 대립이 일어나면, 제사장들이 나서서 중재해야 한
다. 나의 판결과 법규와 율례에 입각해서 판단을 내려야 한
다. 그들은 나의 명령대로 백성들이 정해진 축제일을 엄수
하고, 나의 안식일을 거룩히 지키도록 할 책임을 맡은 자들
이다.
25-27 제사장은 시체에 가까이 다가가 자신을 부정하게 해서
는 안된다. 그러나 죽은 자가 그의 부친이나 모친, 아들이나
딸, 형제나 미혼 자매일 경우에는 시체에 가까이 다가갈 수
있다. 그러나 그는 정결 의식을 치른 후에도 칠 일을 더 기

다려야 한다. 다시 성소에서 제사장 직무를 수행하기 위해
성소 안뜰로 돌아갈 때는, 먼저 자신을 위해 속죄 제물을 바
쳐야 한다. 주 **하나님**의 포고다.
28-30 제사장들의 땅 소유에 대해 말하면, 내가 바로 그들의
유산이다. 그들에게는 이스라엘의 어떤 땅도 주어서는 안
된다. 내가 그들의 땅이며 내가 그들의 유산이다. 그들은 곡
식 제물과 속죄 제물과 속건 제물에서 양식을 얻을 것이다.
이스라엘 사람들이 예배를 위해 **하나님**께 바친 것들은 모두
그들의 몫이다. 사람들이 기른 것 중에 가장 좋은 것과 모든
특별 선물도 제사장들의 몫이다. **하나님**께 예배하며 바친
모든 것이 그들의 몫이다. 먼저 그들을 섬겨라. 너희 소유
중에 가장 좋은 것으로 그들을 섬겨라. 그러면 너희 집이 복
을 받을 것이다.
31 제사장은 길이나 들에서 죽은 짐승들 중에, 사람의 통상
적 음식이 아닌 고기는 새든지 짐승이든지 먹어서는 안된
다."

하나님을 위한 거룩한 공간

45 1-4 "땅 유산을 나눌 때, 너희는 땅의 일부를 하
나님을 위한 거룩한 공간으로 따로 떼어 놓아야
한다. 길이는 11.25킬로미터, 너비는 9킬로미터가 되게 하
여라. 그 땅 전체가 거룩한 공간이다. 이 직사각형 구역 안
에서, 성소를 위해 가로와 세로가 각각 225미터인 정사각

형 땅을 떼어 놓고, 그 주변 사방으로 22.5미터를 재어 완충
지대를 두어라. 이 거룩한 보호구역 안에, 길이 11.25킬로
미터, 너비 4.5킬로미터 되는 구역을 정해 표를 하여라. 성
소와 지성소가 거기 위치할 것이다. 이곳은 성소에서 예배
를 인도하며 **하나님**을 섬기는 제사장들의 거주구역이다. 그
들의 집이 거기에 늘어설 것이다.
5 거룩한 보호구역 북쪽으로, 길이 11.25킬로미터, 너비 4.5
킬로미터 되는 지역을 떼어 놓아라. 그곳은 성소에서 예배
관련 직무를 맡는 레위인들의 마을을 위한 땅이다.
6 거룩한 보호구역 남쪽으로는 길이 11.25킬로미터, 너비
2.25킬로미터 되는 지역을 재어 도성에 속한 땅으로 떼어
놓아라. 그 땅은 이스라엘 모든 가문이 공동으로 소유하는
지역이다.
7-8 중심부의 거룩한 정사각형 땅에서 동쪽과 서쪽으로 각
각 11.25킬로미터까지는 왕의 몫이다. 이 땅은 동쪽으로
는 요단까지, 서쪽으로는 지중해까지 이르는 지역으로, 이
스라엘 왕의 소유다. 나의 왕들은 더 이상 내 백성을 못살
게 괴롭히거나 짓밟지 않을 것이며, 각 지파에게 분배된
땅을 존중할 것이다.
9-12 이는 주 **하나님**의 **메시지**다. '이스라엘의 왕들아, 그동
안 나는 참을 만큼 참았다. 내 백성을 못살게 굴고 착취하
는 일을 그쳐라. 이제는 자세를 바꾸어 정의와 공의를 행하
여라. 정직한 눈금, 곧 정직한 저울과 정직한 자를 사용하여

라. 한 말은 언제나 18리터여야 한다. 한 되는 언제나 1.8리터여야 한다. 둘 모두의 기본 단위는 리터다. 너희 돈도 정직해야 한다. 위조지폐는 안될 말이다!'"

제사 규례

13-15 "'너희가 바쳐야 할 제물은 이러하다. 너희 밀의 육십분
의 일, 보리의 육십분의 일, 기름의 백분의 일, 그리고 이스
라엘의 비옥한 초장에서 자라는 양들 200마리당 1마리씩이
다. 이것들은 백성을 위해 드리는 속죄제의 곡식 제물, 번제
물, 화목 제물로 사용될 것이다. 주 **하나님**의 포고다.
16-17 이 땅 모든 사람이 이스라엘 왕이 관장하는 이 특별 봉
헌에 참여해야 한다. 거룩한 축제일과 매달 초하루와 안식
일, 곧 이스라엘 백성이 지켜야 할 모든 축제일에 바칠 번제
물과 곡식 제물과 부어 드리는 제물을 마련하는 일은 왕의
몫이다. 이스라엘 백성을 위한 속죄제에 바칠 속죄 제물, 곡
식 제물, 번제물, 화목 제물을 마련하는 일은 그의 책임이다.
18-20 이는 주 **하나님**의 메시지다. 첫째 달 첫째 날에는, 흠
없는 수송아지 한 마리를 골라다가 성소를 정결하게 하여
라. 제사장은 그 속죄 제물의 피를 가져다가 성전의 문기둥
과 제단의 선반 네 모서리와 안뜰 문 입구에 발라야 한다.
그달 칠일에도, 모르고 죄를 지은 자들을 위해 그와 같이 다
시 한번 행하여라. 이렇게 성전을 위해 속죄하여라.
21 첫째 달 십사일에, 너희는 유월절을 지켜야 한다. 칠 일

동안 이어지는 이 축제기간에는 누룩을 넣지 않은 빵을 먹
어야 한다.
22-23 유월절 날에, 왕은 자신과 온 나라 백성을 위해 송아지
한 마리를 속죄 제물로 바쳐야 한다. 칠 일의 축제기간 동
안, 그는 날마다 흠 없는 수송아지 일곱 마리와 숫양 일곱
마리를 **하나님**께 번제물로 바치고, 날마다 숫염소 한 마리
도 바쳐야 한다.
24 왕은 수송아지 한 마리와 숫양 한 마리를 바칠 때마다, 20
리터 상당의 곡식 제물과 4리터 상당의 기름도 함께 바쳐야
한다.
25 일곱째 달 십오일과 칠 일간의 축제기간에도, 그는 날마
다 속죄 제물과 번제물과 곡식 제물과 기름을 전과 동일하
게 바쳐야 한다.'"

46 1-3 "'주 **하나님**의 **메시지**다. 안뜰 동쪽 문은 일
하는 엿새 동안 닫아 두되, 안식일에는 열어야
한다. 그 문은 매달 초하루에도 열어야 한다. 왕은 그 문으
로 들어와서 벽기둥 곁에 설 것이며, 그가 거기 현관에서 예
배하는 동안 제사장들이 그의 번제물과 화목 제물을 바쳐야
한다. 그가 떠난 후에도, 그 문은 저녁때까지 닫지 말아야
한다. 안식일과 매달 초하루에는, 백성이 그 문 바깥 입구에
모여 **하나님**을 예배해야 한다.

4-5 안식일에 왕이 **하나님**께 바칠 번제물은, 흠 없는 어린양
여섯 마리와 흠 없는 숫양 한 마리다. 숫양과 함께 곡식 제
물 20리터와 기름 4리터를 바치고, 각 어린양에는 소량의
곡식을 곁들여야 한다.
6-7 매달 초하루, 왕은 수송아지 한 마리와 어린양 여섯 마리
와 숫양 한 마리를 흠 없는 것들로 바쳐야 한다. 숫양과 수송
아지를 바칠 때는 각각 곡식 제물 20리터와 기름 4리터를 곁
들이고, 각 어린양에는 소량의 곡식 제물을 곁들여야 한다.
8 들어올 때 왕은 문 입구의 현관을 통해 들어와야 하고, 나
갈 때도 그 길로 나가야 한다.
9-10 그러나 정한 축제일에 이 땅의 백성이 **하나님**께 예배하
러 올 때는 북쪽 문을 통해 들어온 자는 남쪽 문으로 나가
고, 남쪽 문을 통해 들어온 자는 북쪽 문으로 나가야 한다.
들어온 문으로 되돌아 나가서는 안되며, 반대 문을 통해 나
가야 한다. 백성들이 들어오고 나갈 때, 왕도 그들과 함께
섞여서 들어오고 나가야 한다.
11 축제일과 정한 축일에 바칠 곡식 제물의 양은 20리터이
며, 수송아지와 숫양에는 기름 4리터를, 각 어린양에는 소
량의 곡식을 곁들여야 한다.
12 왕이 자원하여 **하나님**께 번제물이나 화목 제물을 가져올
때는, 그에게 동쪽 문을 열어 주어야 한다. 그는 안식일에 하
듯이 자기의 번제물이나 화목 제물을 바칠 것이며, 그런 다음
떠나야 한다. 그가 밖으로 나간 다음에는 문을 닫아야 한다.

13-15 매일 아침, 너희는 **하나님**께 바칠 번제물로 일 년 된 흠
없는 어린양 한 마리를 가지고 와야 한다. 또 매일 아침, 곡
식 제물로 곡식 약 4리터에 1.25리터의 기름을 부어 가지고
와야 한다. 이와 같이 **하나님**께 곡식 제물을 바치는 것은 반
드시 지켜야 할 율례다. 어린양과 곡식 제물과 기름을 번제
물로 바치는 일은 날마다 행해야 할 의식이다.
16-18 주 **하나님의 메시지다.** 만일 왕이 자기 아들 중 하나에
게 유산을 떼어서 주면, 그것은 대대로 그 가문의 소유가 된
다. 그러나 왕이 어떤 종에게 자기 유산을 떼어서 선물로 주
면, 그것은 해방의 해(희년)까지만 그 종의 소유가 되고, 그
후에는 다시 왕에게 되돌아간다. 왕의 유산은 오직 그의 아
들들의 것이며, 대대로 그 가문이 소유한다. 왕은 백성 가운
데 누구의 유산도 빼앗아서는 안되며, 그들의 땅 소유권을
빼앗아서도 안된다. 그는 오직 자기 재산을 떼어서 아들들
에게 줄 수 있다. 내 백성 누구도 자기 땅에서 내쫓기는 일
이 있어서는 안된다.'"

19-20 그런 다음 그 사람이 나를 데리고 북쪽 문을 통해 제사장들의 거룩한 방으로 가서, 서쪽에 있는 뒷방 하나를 보여 주었다. 그가 말했다. "여기는 제사장들이 속건 제물과 속죄 제물을 삶고 곡식 제물을 굽는 부엌이다. 바깥뜰에서 거룩한 그 일들을 하다가는 준비가 안된 백성을 위험에 빠뜨리게 할 수 있으니, 이곳에서 제물을 준비해야 한다."

21-23 그가 다시 나를 이끌고 바깥뜰로 가서, 그 뜰의 네 모
퉁이를 보여주었다. 내가 보니, 모퉁이마다 뜰이 있었다.
바깥뜰 네 모퉁이마다 각각 길이 18미터, 너비 13.5미터
되는 작은 뜰이 있었고, 크기는 모두 같았다. 그 뜰의 안쪽
벽에 돌로 만든 선반이 있었고, 그 선반 밑으로 요리용 화덕
이 놓여 있었다.
24 그가 일러 주었다. "여기는 성전에서 섬기는 자들이 백성
의 희생 제물을 삶는 부엌이다."

성전에서 흘러나오는 물

47 1-2 그가 다시 나를 성전 입구로 데리고 갔다. 내
가 보니, 성전 현관 아래쪽에서 물이 쏟아져 나
와 동쪽으로(성전은 동쪽을 향하고 있다) 흘러가고 있었다. 물
은 성전 남쪽 면, 제단 남쪽에서 쏟아져 나오고 있었다. 그
가 나를 데리고 북쪽 문으로 나가서, 밖을 돌아 동쪽 문으로
데리고 갔다. 물이 성전 남쪽 샘 아래에서 용솟음쳐 흘러나
왔다.
3-5 그가 줄자를 가지고 동쪽으로 450미터를 재면서 갔고,
나는 발목까지 차오르는 물을 헤치며 따라갔다. 그가 다시
450미터를 재면서 갔고, 나는 무릎까지 차오르는 물을 헤
치며 따라갔다. 그가 다시 450미터를 재면서 갔고, 나는 허
리까지 차오르는 물을 헤치며 따라갔다. 그가 다시 450미
터를 재면서 갔는데, 이제는 물이 내 키보다 높아져 헤엄을

쳐야 했다. 물은 강물처럼 높았고 도저히 헤치며 걸어갈 수
없었다.
6-7 그가 말했다. "사람의 아들아, 잘 보았느냐?"
그런 다음 그가 나를 다시 강가로 데리고 갔다. 강가에 앉아
서 보니, 강가 양편으로 많은 나무들이 늘어서 있었다.
8-10 그가 내게 말했다. "이 물은 동쪽으로 흘러서 아라바로
내려갔다가, 물들이 고여 있는 바다로 들어간다. 이 물이 바
다로 흘러들어 가면, 그 바닷물은 새로워진다. 이 강물이 흘
러들어 가는 곳은 어디든지 생명이—엄청난 물고기 떼가—
가득하게 되는데, 그것은 이 강물이 바다의 짠물을 단물로
바꿔 놓기 때문이다. 이 강물이 흘러들어 가는 곳에는 생명
이 차오른다. 엔게디에서 북쪽 에네글라임에 이르기까지,
어부들이 어깨를 나란히 하고 서서 해안선을 따라 그물을
내릴 것이다. 그 바다에는 지중해처럼, 온갖 종류의 물고기
들이 가득할 것이다.
11 그 늪과 습지들은 새로워지지 않고, 계속 짠물로 남아 있
을 것이다.
12 그러나 그 강가 양편으로는 온갖 종류의 과일 나무들이
자라며, 그 잎이 시들지 않고 열매도 끊이지 않을 것이다.
나무들은 때마다 신선한 열매를 맺을 것인데, 성소에서 나
온 강물이 그 나무들에게 흘러가기 때문이다. 그 열매는 양
식이 되고 그 잎은 약재가 될 것이다."

땅의 경계선과 분배

13-14 주 **하나님의 메시지다.** "다음은 이스라엘 열두 지파가
유산으로 나누어 가질 땅의 경계선이다. 요셉은 두 몫을 가
질 것이다. 나머지 지파들은 땅을 똑같이 나누어야 한다. 나
는 너희 조상에게 이 땅을 주기로 엄숙히 맹세했다. 이 땅이
너희 유산이 될 것이라고 내가 맹세했다.
15-17 이 땅의 경계선은 다음과 같다.
북쪽 경계선은 큰 바다 지중해에서 시작해 헤들론 길을 따
라, 하맛 어귀와 스닷과 브로다, 다마스쿠스와 하맛 사이의
시브라임, 더 나아가 하우란과 접한 하셀 핫디곤까지 이른
다. 이렇게 북쪽 경계선은 지중해에서 하살에논까지 이어지
는데, 그 위로 다마스쿠스와 하맛 지역과 접경하고 있다. 이
것이 북쪽 경계선이다.
18 동쪽 경계선은 다마스쿠스와 하우란 사이에서 시작해 길
르앗과 이스라엘 땅 사이의 경계인 요단 강을 따라 아래로
가다가, 멀리 동쪽 바다 다말까지 이른다. 이것이 동쪽 경계
선이다.
19 남쪽 경계선은 다말에서 시작해 서쪽으로 므리봇가데스
샘을 지나 이집트 시내를 따라가다가, 큰 바다 지중해까지
이른다. 이것이 남쪽 경계선이다.
20 서쪽 경계선은 큰 바다 지중해를 따라 북쪽으로 가다가,
동쪽 하맛 어귀로 접어드는 지점까지 이른다. 이것이 서쪽
경계선이다.

21-23 너희는 이 땅을 이스라엘 열두 지파별로 나누어라. 너
희 유산으로 나누어 가지되, 너희 가운데 자녀를 낳고 사는
거류민들에게도 몫이 돌아가게 하여라. 그들도 너희처럼 이
땅에서 태어난 사람들로 대우해 주어라. 그들도 이스라엘
지파와 함께 유산을 얻게 하여라. 모든 거류민이 각자 사는
지역에서 자기 유산을 받게 하여라. 주 **하나님**의 포고다."

각 지파의 몫과 거룩한 땅

48

1 "지파들은 이러하다.
단. 북쪽 경계선에서 시작해, 헤들론 길을 따라
하맛 어귀와 하살에논까지, 곧 다마스쿠스 영토와 하맛을
북쪽으로 두고 동쪽에서 서쪽까지가 그들이 받을 몫이다.
2 아셀. 단 경계에 닿아 있는 동쪽에서 서쪽까지가 그들이
받을 몫이다.
3 납달리. 아셀 경계에 닿아 있는 동쪽에서 서쪽까지가 그들
이 받을 몫이다.
4 므낫세. 납달리 경계에 닿아 있는 동쪽에서 서쪽까지가
그들이 받을 몫이다.
5 에브라임. 므낫세 경계에 닿아 있는 동쪽에서 서쪽까지가
그들이 받을 몫이다.
6 르우벤. 에브라임 경계에 닿아 있는 동쪽에서 서쪽까지가
그들이 받을 몫이다.
7 유다. 르우벤 경계에 닿아 있는 동쪽에서 서쪽까지가 그들

이 받을 몫이다.

8-9 유다 경계에 닿아 있는 동쪽에서 서쪽까지는 구별된 지
역으로, 너희는 그 땅을 거룩한 곳으로 따로 떼어 놓아야 한
다. 가로와 세로가 11.25킬로미터인 정사각형 지역의 중
심에 성소가 자리 잡는다. 너희는 길이 11.25킬로미터, 너
비 4.5킬로미터 되는 구역을 **하나님**을 위해 따로 구별해야
한다.
10-12 그 지역은 이렇게 나뉜다. 북쪽과 남쪽으로 길이 11.25
킬로미터, 동쪽과 서쪽으로 너비 4.5킬로미터 되는 구역은
제사장들의 몫이다. **하나님**의 성소가 그 중심에 자리한다.
이것은 거룩하게 구별된 제사장들인 사독의 자손들을 위한
구역으로, 그들은 레위인들과 달리, 이스라엘이 그릇 행했
을 때도 바른 길에서 벗어나지 않고 한결같이 나를 섬겼다.
이것은 그들이 받는 특별 선물이요, 이 땅이 주는 선물이며,
지극히 거룩한 땅으로, 레위인들의 구역과 닿아 있는 지역
이다.
13-14 레위인들의 구역도 제사장들의 구역과 같은 크기로, 길
이가 11.25킬로미터, 너비가 4.5킬로미터다. 이 구역의 땅
은 단 한 평도 팔거나 거래할 수 없다. 이 땅은 가장 좋은 구
역이며, 무엇보다 **하나님**께 거룩한 곳이다.
15-19 '거룩한 정사각형'의 나머지—길이 11.25킬로미터, 너
비 2.25킬로미터 되는—구역은 평범한 용도로 사용된다.

도성과 건물들을 세우고, 도시를 중심으로 주위에 빈 터를 둔다. 도성의 북쪽과 남쪽과 동쪽과 서쪽 면의 길이는 각각 약 2.25킬로미터다. 112.5미터 너비의 초장이 도성을 사방으로 둘러싼다. 거룩한 제사장 구역과 붙어 있는 나머지 땅, 곧 도성의 동서로 각각 4.5킬로미터에 해당하는 땅은 농지로 사용하여, 도성에 필요한 식량을 마련한다. 이스라엘 모든 지파에서 온 일꾼들이 거기서 땅을 경작할 것이다.
20 거룩한 목적을 위해 구별된 이 특별지역은, 가로와 세로가 11.25킬로미터인 정사각형의 땅으로, '거룩한 정사각형'이다. 도성을 위해 구별된 구역도 여기에 포함된다.
21-22 이 땅의 나머지, 곧 11.25킬로미터 길이의 '거룩한 정사각형' 구역에서 동쪽으로 요단 강, 서쪽으로 지중해까지는 왕에게 속한 땅이다. 왕의 땅은 북쪽과 남쪽의 지파들이 받는 몫들 사이에 끼어 있으며, 성전을 중심에 둔 '거룩한 정사각형' 구역에서 동쪽과 서쪽으로 뻗어 있다. 레위인들을 위해 구별된 땅과 도성을 위해 구별된 땅이 왕에게 할당된 영토 한가운데 자리한다. '거룩한 정사각형' 구역은 동쪽과 서쪽으로 왕의 땅에 접해 있으며, 북쪽과 남쪽으로는 각각 유다 영토와 베냐민 영토에 접해 있다.

23 나머지 지파들은 이러하다.
베냐민. 동쪽 경계선부터 서쪽 경계선까지가 그들이 받을 몫이다.

24 시므온. 베냐민 경계에 닿아 있는 동쪽에서 서쪽까지가
그들이 받을 몫이다.
25 잇사갈. 시므온 경계에 닿아 있는 동쪽에서 서쪽까지가
그들이 받을 몫이다.
26 스불론. 잇사갈 경계에 닿아 있는 동쪽에서 서쪽까지가
그들이 받을 몫이다.
27 갓. 스불론 경계에 닿아 있는 동쪽에서 서쪽까지가 그들
이 받을 몫이다.
28 갓의 남쪽 경계선은 남쪽 다말에서 시작해 므리바가데스 샘
에 이르고, 이집트 시내를 따라 큰 바다 지중해까지 이른다.
29 이것이 이스라엘 지파들이 그들의 유산으로 나눌 땅, 그
들이 받을 몫이다." 주 **하나님**의 포고다.

30-31 "그 도성의 문들은 다음과 같다. 도성 북쪽 면은 길이가
2킬로미터이며, 문이 셋 있다(도성의 문들은 이스라엘 지파의
이름을 따서 부른다). 르우벤 문, 유다 문, 레위 문.
32 동쪽 면도 2킬로미터이며, 문이 셋이다. 요셉 문, 베냐민
문, 단 문.
33 남쪽 면도 2킬로미터이며, 문이 셋이다. 시므온 문, 잇사
갈 문, 스불론 문.
34 서쪽 면도 2킬로미터이며, 문이 셋이다. 갓 문, 아셀 문,
납달리 문.

35 도성 사면의 합은 8킬로미터다.

이 도성의 이름은 이제부터 **여호와 삼마**로 불릴 것이다.

하나님께서 여기 계신다."